Anonymus

Behelf zum Studium der Militär-Geographie

Südostlicher Kriegsschauplatz

Anonymus

Behelf zum Studium der Militär-Geographie
Südöstlicher Kriegsschauplatz

ISBN/EAN: 9783742898029

Hergestellt in Europa, USA, Kanada, Australien, Japan

Cover: Foto ©Suzi / pixelio.de

Manufactured and distributed by brebook publishing software
(www.brebook.com)

Anonymus

Behelf zum Studium der Militär-Geographie

BEHELF

zum Studinm der

Militär-Geographie.

Südöstlicher Kriegsschauplatz.

Für den **ausschliesslichen** Gebrauch der Frequentanten der
k. und k. Kriegsschule als Manuscript gedruckt.

WIEN.

Verlag der k. u. k. Kriegsschule. — Druck von Kreisel & Gröger.

1899.

Anleitung zur Aussprache.

Italienisch.

c oder cc = k vor a, o, u, sowie vor den Mitlauten
= tsch vor e, i

ch = k vor e, i

g oder gg = g vor a, o, u, sowie vor den Mitlauten
= dsch vor e, i

gh = g vor e, i

gl = gl vor a, e, o, u
= lj vor i

gn = nj, wie französisch „mignon"

h ist stumm

qu = ku

s = ß, zwischen 2 Selbstlauten wie im Deutschen

sc = sk vor a, o, u, sowie vor den Mitlauten
= sch vor e, i

v = w

z = im allgemeinen wie das deutsche „z", manchmal — meistens vor a, e, i — wie „s" im Deutschen vor Selbstlauten.

Croatisch, Serbisch und Bulgarisch.

c = tz (Spitze)

č = tsch (hart)

ć (bloß croatisch und serbisch)
= tsch (weich)

dj, gj (bloß croatisch und serbisch)
= dsch wie g in „giorno"

dž = dsch (zischend)

s = sz (scharf)

š = sch

v = w

z = s (Rose)

ž = j (jour).

Albanesisch.

c = tz

č = tsch

ć = tsch (weich)

gj, kj, lj, nj = erweicht; erstere zwei am Schlusse eines Wortes jedoch wie ghch und kch

l = auch wie das polnische „ł"

s = sz

š = sch

th = wie im Englischen

v = w

z = s (Rose)

ž = j (jour).

Die nicht angeführten Buchstaben sind wie im Deutschen, jedoch jeder für sich und immer deutlich auszusprechen.

Der **Wort-Accent** liegt im **Italienischen** meist auf der vorletzten Silbe, manchmal auch auf der drittletzten, oder selbst auf der viertletzten, einzelner längerer Wörter. Falls die Schluss-Silbe eines Wortes den Ton hat, wird sie mit dem Gravis auf dem Selbstlaute (à, è, ì, ò, ù) geschrieben.

Im **Albanesischen** fällt der Ton zumeist auf die vorletzte Silbe.

Im **Südslavischen** fällt die Betonung gewöhnlich auf die erste, nur bei längeren Worten auf die zweite Silbe.

Im **Türkischen** ruht die Betonung meist auf der letzten Silbe.

Im **Griechischen** wird eine der drei letzten Silben betont, häufig. d. i. in vollständig erhaltenen echt griechischen Worten, die drittletzte Silbe.

Die beiden folgenden **alphabetischen Verzeichnisse** enthalten charakteristische geographische Namen und wichtige Worte aus dem Schatze der herrschenden Sprachen.

Der Accent ist durch einen kurzen horizontalen Strich ober dem betreffenden Buchstaben angedeutet.

Ajtōs (Adler g.)
Akillī Kamčīk (zahmer
             K. t.)
Alēssio
Antīvari
Arabā Konāk (Fuhr-
   werks-Nachtquartier t.)
Athōs
Ā̄vtovac

Bābinpōtok
Balkān
Bānjalūka
Bānjani—Rūdine
Bĕrane
Berāt
Bĕrkovica
Bešīk göl (Wiegen-See)
Bielogrūdžik
Bīhać
Bīlek
Bjēlina

Bjĕlobr̄do
Blāgaj
Blāžuj
Bōjana
Br̄čka
Br̄da
Brēgalnica
Brēgava
Būccari
Būdua
Büjük Kamčīk (großer
            K. t.)
Bukōvica
Bunār
Būrgas
Busōvača
Bustīšnica

Cāribrod
Castĕl Lāstua
Cāttaro
Cētina

Cētinje
Chĕrso
Cittavēcchia
Cjĕvna
Crna gōra
Cr̄ni Drim
Cūrzola
Cvr̄stnica

Čājnica
Čatāldža
Čehōtina
Čemērno
Čĕpelica
Čīkola

Danīlovgrad
Dedeagāč
Delī Ormān (närrischer
            Wald t.)
Demīr hisār

Demīr kapū	Imóski	Māglaj
Derkōs	Ipēk (Seide t.)	Mājevica planina
Dēvol		Makārska
Dērvent	Jáblanica	Māljsori
Djākova	Jámboli	Mārica
Dūboj	Jāvor, Jāvornik	Mārmara
Dolnja Tuzla	Jenībazār (t. Nōvi-	Mecovon
Domānović	pāzar s.)	Metālka
Dōspad Dag	Joānnina	Mētković
Drāgoman		Metōja
Dr̄galj	Kāčanik	Mīljačka
Dulcīgno	Kalinovik	Mītrovica
Durāzzo	Kalkāndelēn (Kalkān	Mōjkovac
Dūrmitor	Schild t).	Mōnastir
Džāmija	Kāpela	Mōrača
	Karā Dag	Mōrinje
Elbasān	Kastōria	Mōstarsko blāto
Elena	Kāvala	
Eminē	Kāvarna	Narēnta (Nēretva)
Epirus	Kirk kilisē	Nefertāra
Ergenē	Köprūlū	Nevēsinje
Eskī Zagrā (Zagōria)	Kōsteudil	Nīkšić
Etropol Balkān	Kōlašin	Nīšava
	Kopāonik gōra	Njēguši
Fōiba	Kōrana	Nōvipāzar
Fōjnica	Kōrenica	
	Kōsovo pōlje	Ogulin
Gābrova	Kōstajnica	Ohrida
Gacko	Kōšutica	Olȳmpos
Gallīpoli	Kōtorsko	Orāhovica
Gorāžda	Kōzara plānina	Ōrfano
Gračānica	Kr̄bava	Ōrhanje
Grādina	Kr̄bljina	Ōrjen
Grādisca	Krīvaja	Ōsigova
Grāhovo	Krūševac	Osmanlī
Gülgrād (Rosenburg t.)	Kumānova	Otoćac
Guslnje		
	Lēpenac	
Hainkiōj	Lēsina	Pāsman
Hātelj	Lēskovac	Perāsto
Hercegōvina	Līvansko pōlje	Pērim Dag
Hōdža Balkān	Ljūbeten	Pēštera
	Ljūbična	Pētrovac
Ibar	Ljūbinje	Pīndos
Ictiman	Ljūbuški	Platamōna
	Lussīn	Plēvlje

Pljčševica	Sělfidže	Ŭkriua
Podgŏrica	Sěmenli	Ūlog
Podvělež	Sěres	Ūvac
Pŏpovo pŏlje	Sītnica	Uzūn köprü (lange
Posāvina	Sjěnica	Brücke t.)
Prědelec	Skārdus	
Prěsjeka	Skōplje (Üskůb)	
Prīboj	Sōfia	Valbōna
Prijěpolje	Spālato	Valōua
Prīštioa	Srěbrenica	Vārdar
Prīzren	Strāndža Dag	Věrmač
	Strūma	Višegrad
Rīčiua	Sūtjeska	Vīsoko
Rijěka	Sūtorman	Vlāseuica
Rīsano	Světi Jūro	Vōjuca
Rōgatica	Škūmbi	Vrānja
Rōmanja	Šūica	Vŕbas
Rŏžaj		
Rūmia		
Rūščuk	Tātar Bazardžīk	Zagōrje
	Traŭ	Zalōmska
Sābbioncēllo	Trěbežat	Zěnica
Salonīki	Trěbinjčica	Zŕmanja
San Nicolō	Trěbinje	Zȳgos
Sarājevo	Trěskavica plānina	Ždrjělo
Scūtari	Tŕnovo	Želěznica
Sebenīco	Tūndža	Žūpanjac

Verzeichnis

häufig vorkommender geographischer Benennungen.

a. albanesisch, b. bulgarisch, g. griechisch, s. serbisch, t. türkisch.

Adā, Insel	t.	arabā, Wagen		t.
ag, weiß	t.	arnaudlūk, Albanien	*	t.
Agā, Herr	t.	ašagā, unteres		t.
agāč, Baum	t.	āspros, weiß		g.
āghios (hāgios, h ist stumm), heilig g.				
alā, buntfärbig	t.	Bāgče, Garten		t.
altȳn (altūn), Gold	t.	bābr, Meer		t.

bair, Hügel, Anhöhe | t.
bala, ober | t.
balkān, Gebirge | t.
bānja, Bad, Therme | b. s.
bāra, Sumpfader | b. s.
baš, Hügel, Kopf | t.
bazīr (pazīr), Marktplatz | t. (s.)
beg, bëy, Fürst | t.
beklemē, Wachtposten | t.
bëli, weiß | s.
bīstrica, Gebirgswasser | s.
blāto, Sumpf, See | s.
bogāz (derbënd), Enge, Pass | t.
bogaz i hizār, Dardanellen | t.
boz, grau | t.
brdo, Berg, Rücken | b. s.
brjëg, Hügel | b.
brod, Überfuhr | s.
büjuk, groß | t.
bulāk, Brunnen | t.
bunār, Brunnen | s. t.
būrgas, Thurm (von pyrgos g.) | b.
burūn (burunū), Vorgebirge, Nase | t.

Čafa, Gebirgs-Sattel | a.
čaīr, Alpenweide, Aue | t.
čāj, Fluss, Strom | t.
čardak, Wachhaus | t.
čāršija, Marktplatz | t.
chōra, Land, Stadt | g.
chōrio, Dorf | g.
čërvenj, roth | b.
česmē, Quelle | t.
čiftlīk, Meierhof, Landgut | t.
črni (crni), schwarz | b. (s.)
crkva, Kirche | b. s.
čūprija(most),Brücke(aus köprü,t.)s.

Dag, Berg, Gebirge | t.
dejirmën (dermën), Mühle | t.
deli, -närrisch, wild, toll | t.
demīr, Eisen | t.
denīz (bahr), Meer | t.
derbënd (dervënd), Pass, Enge | t.
derē, Thal, Schlucht, Bach | t.
do, dol, dōlina, Thal | b. s.

dōlnje, unteres | s.
dūbrava, Eichengestrüpp | b. s.
duvār, Mauer | t.
dvor, Hof, Schloss | b. s.
džāmija, türkisches Bethaus | b. s.
džebël, Berg, Gebirge | t.

Egrī, krumm, schief | t.
ejalēt, Provinz | t.
eskī, alt | t.
evrën, zerstört | t.

Fenër, Leuchter, Laterne | t.

Glāva, Kuppe, Kopf | b. s.
gōl, See, Teich | t.
gōlem, groß | b. s.
gōra, niederes, bewald. Gebirge | b. s.
gōrnje, oberes | b. s.
grad, Schloss, Castell, Festung | b. s.
grādina, Burgruine | b. s.
grëben, Felskamm | b. s.
gümüš, Silber | t.
gūstirma, Cisterne | s.

Hāgios, heilig (h ist im Griechi-
schen stumm) | g.
bas (figürlich), kaiserl. Besitz | t.
han, Herberge | t.
hisār, Schloss, Fort | t.
hödža, alter Mann, Lehrmeister | t.
hum, Hügel | b. s.

Ič kalē, innere Festung | t.
indže, schmal | t.
iskële (skëla), Hafen | t.
īzvor, Quelle, Ausfluss | b. s.

Jālia, Sommerdorf, Alpenhütte | t.
jenī (jenidže), neu | t.
jëzero, See | b. s.
jildīz, Stern | t.
jokarī, oberes | t.

Kadī, Richter | t.
kāja, Fels | t.
kalë, Schloss, Castell | t.

käldrına (kaldyrỳm), Pflasterweg s. (t.)
kapū, Thor, Pass t.
karā (karādža), schwarz (Reh) t.
karaköl, Wachhaus a. t.
karā toprāk, schwarze Erde t.
karaūla, Wachhaus t. s.
kasàba, Marktflecken t.
kästro, Schloss g.
kätun, Sennerei s.
kavāk, Pappel t.
kazā, Bezirk t.
kazän, Kessel t.
kilīd bahr, Schlüssel des Meeres t.
kilisē, christliche Kirche t.
kiöj, Dorf t.
kīšla (kŕšla), Kaserne t.
kizīl, roth b.
klädenec, Brunnen s.
klänac, Pass, Defilé s.
klīsura, Pass s.
köliba, Hütte b. s.
konāk, Regierungsgebäude, Nacht-
quartier t.
köprū, (kjöprū), Brücke t.
körito, Karstkessel s.
kröj, Quelle a.
krš, Karst s.
kūčūk, klein t.
kujū, Brunnen t.
kūla (kulē), Blockhaus, Thurm t.
kum, Sand t.
kuršūm, Blei t.
kurū, trocken, dürr t.
kuš, kušlārdag, Vogel, Vogelge-
birge t.

Lefkös, weiß g.
limän (iskēle, bendēr), Hafen t.
ljīčeni, versumpfter See a.
ljöndra, Überfuhr, Fahrzeug a.
lökva, Tümpel, Tränke b. s.
lug, Aue, Wald s.
lümiu (ljūmi), Fluss a.

Mahalē (māhala), Ortstheil t. (s.)
mājdan (madēn), Erzgrube s.

māli, klein s.
mavrōs, schwarz g.
mēghalo (mēghas), groß g.
mehāna, Wirtshaus s.
medjān (mēdjan), Platz, Wahl-
statt t. (s.)
mīkros, klein g.
mjēd, Kupfer b.
mogīla, Hügel b.
mōnastir (mānastir), christliches
Kloster t. (s.)
most, Brücke b. s.

Nčos, neu, jung g.
nēro, Wasser g.
niš, Stachel t.

Ormān, Wald t.
ōros, Berg g.
ōrta, mittleres t.
ōsoje, im Westen, Schattenseite s.
ōstrog (ōstrov), Insel b. s.
otlūkkiöj, Grasdorf t.
ōva, Feld, Ebene t.

Palankā, befestigter Ort (von Mauern
od. Palissaden umgeben), Fort t.
pāzar (bazār), Marktplatz s. (t.)
pēštera, Höhle b. s.
plänina, Gebirge b. s.
plōčja (plōča), Platte b. (s.)
plut, Floßüberfuhr s.
pod, unteres s.
pōlis, Stadt g.
pölje, Feld, Ebene b. s.
pōnor, Schlund s.
potamōs, Fluss g.
pōtok, Bach s.
prēgaz, Furth s.
prīsoje, im Osten, Sonnenseite s.
put, Weg s.

Rāvnina (ravnīna), Ebene b. s.
rībnica, fischreicher Bach s.
rjēka, Bach, Flüsschen b. s.
rog, Horn b.
rūdnik, Bergwerk s.

rumili, Rumelien (von Griechen bewohnt) t.

Sakär dag, Höllenberg t.
saräj (seräj), Palast, Residenz t.
sarï, gelb t.
saz, Buche t.
sēdlo, Sattel b. s.
šēhr (šēhir) Stadt t.
sēlo, Dorf b. s.
skēla, (skāla), Landungsort, Überfuhr s. (t.)
sol, Salz b.
srēdnje, mittleres s.
stan, Unterstand, Hütte s.
star, alt b. s.
stjēna, Felswand b. s.
strūna, Berglehne, Gegend b. s.
su, Wasser t.
such, trocken b. s.
šuma, Wald, Hain b. s.
sūtjeska, Schlucht, Fluss-Enge b. s.
syrt, Rücken t.

Tabjā, Schanze t.
taš, Stein t.

tašlyk, Karst t.
taz, kahl t.
tekē, (tekijē), Kloster t.
tepē, Hügel, Bergspitze t.
tūzla, Salzbergwerk t.

Ubo, Tümpel, Tränke, Cisterne s.
ulū, groß, hoch t.
uzūn, lang t.

Vāroš, Stadt s.
väska, Tümpel, Tränke s.
vēliki, groß . b. s.
vilajēt, Land t.
vir, Wasserstrudel b.
vïsočina, Hochebene b. s.
vöda, Wasser b. s.
vödenica (vodēnica), Wassermühle
b. (s.)
vrātnik, Thor, Pass b. s.
vrēlo, Quelle s.
vrh, Spitze, Gipfel s.

Žrdjēlo, Sattel, Pass s.
zlato, Gold b. s.
zrēbro (srēbro), Silber b. (s.)

Begrenzung und Größe des Raumes.

Der südöstliche Kriegsschauplatz umfasst die Balkan-Halbinsel, als deren Nordgrenze die Linie Fiume, Delnice, dann der Kulpa-, Save- und Donaulauf betrachtet wird.

Hinsichtlich „Rumäniens" wird auf den Behelf „nordöstlicher Kriegsschauplatz" verwiesen. Über das „adriatische Küstengebiet" enthält der Behelf „südwestlicher Kriegsschauplatz" weitere Daten.

Flächeninhalt: ca. 500.000 km^2 (Europa 9,866.000 km^2). Beiläufige Ausdehnungen: 700—1100 km in westöstlicher, 1000 km (durch den Rumpf der Halbinsel bloß 300—500 km) in nordsüdlicher Richtung.

Bevölkerung: rund 19 Millionen (Europa ca. 380 Millionen).

Allgemeine Übersicht.

Bodengestaltung.

Die Balkan-Halbinsel ist vorwiegend G e b i r g s l a n d, bloß $1/14$ des Gebietes gehört dem Flachlande an.

G l i e d e r u n g. Für die Gruppierung der Gebirgssysteme bildet die Senkungslinie Morava—Vardar die wichtigste Grenze. W e s t l i c h dieser Tiefenlinie streicht als Fortsetzung der südlichen Ostalpen eine breit entwickelte Gebirgszone bis zum Cap Matapan; parallel gefaltete Kettengebirge aus jüngeren Formationen und im allgemeinen mit nordsüdlicher Streichrichtung sind diesem unzugänglichsten Theile der Halbinsel charakteristisch. Ö s t l i c h der vorgenannten Tiefenlinie breitet sich ein ganzes System von Urgesteinserhebungen aus, welche einzelne Hochgebirgsstöcke und -Rücken, vornehmlich aber stark verzweigtes Mittelgebirge und vielfach westöstliche Streichrichtung aufweisen.

Die verschiedenartige geologische Zusammensetzung und Gestaltung des Gebirges, die Einbuchtungen des Flachlandes und eine Reihe durchlaufender Tiefenlinien haben weiters zur folgenden Theilung in G e - b i r g s a b s c h n i t t e geführt:

Das illyrische G e b i r g s l a n d, von der Adria bis zur Furche Timok, Pirot reichend, und südlich von einer Linie Drin, Beli Drim, Becken Metoja und Kosovo polje, südliche Morava, Nišava begrenzt. Dieses große Gebiet zerlegt die Tiefenlinie Bojana, Scutari-See, Morača, Cjevna, Lim, Drina in einen westlichen und östlichen Theil.

D a s G e b i r g s s y s t e m d e s B a l k a n s reicht vom Timokthale bis zur Küste des Schwarzen Meeres, im Süden bis zur Tiefenlinie Pirot, Sofia, Marica, im Norden bis zur Donau-Niederung.

Das Gebirgssystem der Rhodope. Es erfüllt den ganzen Raum südlich der Marica bis zur ägäischen Küste und im Westen bis zur Thalfurche Struma, Isker (Oberlauf).

Das macedonische und das albanesische Gebirge breiten sich westlich der Rhodope und südlich des illyrischen Gebirgslandes bis zur Tiefenlinie Arta, Mecovon, Salamvria aus; die Senke Crni Drim, Ohrida, Korica, Mecovon sondert ersteres vom letzteren.

Das griechische Gebirge endlich dehnt sich südlich des macedonisch-albanesischen Gebirges aus.

Charakteristik der Erhebungen.

Hoch- und Alpengebirge, 1800—2500 m hoch und vielfach ungangbar, herrscht vor: in dem westlichen, 30—100 km breiten Wasserscheiderücken (Leitlinie: Bihać, Ivan-Sattel, Kom-Berge, Pindos, Taygetos), im West- und Centralbalkan, in den Stöcken der Vitoša, Central-Rhodope und der Osigova pl. Die bedeutendsten Erhebungen umsäumen die geräumigen Becken: Metoja, Kosovo polje und von Sofia, mit guten Zugängen zwischen den sie umgebenden Hochgebirgsmassiven.

Mittelgebirge, 800—1500 m hoch, meist schwer gangbar, stark verzweigt mit engen, gewundenen Thälern, im Nordwesten der Halbinsel vielfach Plateau-Charakter aufweisend. Dasselbe breitet sich nördlich des westlichen Wasserscheiderückens und des Balkans bis beiläufig zur Linie Fiume, Krupa, Zvornik, Kragujevac, Dolnji Milanovac (an der Donau), Bielogradčik, Lovča, Šumla, dann vorherrschend im Südosten des Kriegsschauplatzes aus.

Flachland, meist gangbar, kommt in größerer Ausdehnung nur im Anlande der Save, Donau, Morava, in den Becken Metoja und Kosovo polje, dann im Küstengebiete des Schwarzen und Ägäischen Meeres vor.

Bodenkruste.

Kreide- und Triaskalke treten vorherrschend im westlichen Gebirgscomplexe von der Adria bis im allgemeinen zur Linie Karlstadt, Sanskimost, Vakuf grn., Foča, Ipek, Monastir, Trikkala, Lamia, dann in Serbien zwischen Morava-Timok, sowie in den nördlichen Balkanvorlagen auf.

Aus dem Vorkommen dieser leicht löslichen Kalke resultiert die schwer gangbare Karstformation des westlichen Gebirgscomplexes und in Ost-Serbien. Die wichtigsten Eigenthümlichkeiten des Karstes sind: unvollkommene Entwicklung der Tiefenlinien (Karstbecken, Dolinen, Karsttrichter), die Erhebungen stellen sich als ein Gewirr von Plateaux mit Felsriffen und bedeutenden relativen Höhenunterschieden dar, die Bodenkruste charakterisiert sich zumeist durch das Heraustreten des scharfkantigen, vielfach zerklüfteten oder auch lose herumliegenden Gesteines, die Gangbarkeit ist wesentlich verringert, Fußtruppen kommen jedoch — wenn auch sehr schwer — fast überall fort.

Der Westen der Halbinsel enthält ca. 50% Karst und zwar theils als bewaldeter, theils als nackter Karst.

Krystallinische Gesteine, von eruptiven Gesteinen in ausgedehnten Partien durchbrochen, kommen vorwiegend in den Gebirgscomplexen östlich der Morava—Vardar-Furche vor, dieselbe jedoch vielfach übergreifend und bis Ost-Bosnien reichend. Die Erhebungen nördlich einer Linie Banjaluka—Zvornik bestehen aus Sandstein.

Bodenbedeckung.

Waldarme Gebiete sind: der Karst, die Metoja, das Kosovo polje, die bulgarische Terrasse (mit Steppencharakter im Nordosten), die Küste des Ägäischen Meeres; hier vertritt vielfach Gestrüpp auf magerem Hutweideboden die Stelle des Waldes. Sonst weist das Gebirge der Halbinsel massenhafte Waldbedeckung (vorwiegend Laubholz) auf. Der Wald ist meist verwahrlost, in der Nähe der Ortschaften stark devastiert.

Die Feldcultur ist größtentheils auf die flacheren Gebiete und die Becken beschränkt.

Gewässer.

Die Gewässer der Halbinsel strömen zum größeren Theile der Donau und dem Ägäischen Meere zu. Mehrere der bedeutenderen Flüsse entstehen in den Plateau-Landschaften und Becken im Centrum der Halbinsel; die Wasserscheiden sind dort durch niedere Bodenerhebungen gebildet, was auf den Zug der großen Verkehrslinien von hervorragendem Einflusse ist.

Im westlichen Theile der Halbinsel begleiten höhere Gebirge die Küste, daher dort die mangelhafte Entwicklung des Flussystems, außerdem noch beeinträchtigt durch das Auftreten der Karstformation (Schlundflüsse). Ein ähnliches Verhältnis herrscht an der Küste des Schwarzen Meeres, dem (mit Ausnahme des Kamčik) nur unbedeutende Gewässer zufließen (im steppenartigen Nordost-Bulgarien und in der Dobrudža fehlen auch die Küstenflüsse).

Wo — wie es vielfach vorkommt — die Streichrichtung der einzelnen Gebirgszüge mit der allgemeinen Abdachung des Bodens nicht übereinstimmt, kommen an den Flussthälern größere Becken und Weitungen mit dazwischenliegenden Verengungen und Flussdurchbrüchen vor; im Karstbereiche ist die Thalbildung häufig eine unvollkommene (Schlundflüsse).

Im hohen, besonders im kahlen Gebirge, haben die Wasserläufe Torrenten-Charakter. Nach dem Verlassen des Gebirges treten Überschwemmungs- und Sumpfgebiete, auch größere Seen, an den Flachküsten Lagunen und Strandseen auf. Das Flachland im Save-Gebiete und am ägäischen Küstenstreif hat sumpfige Schleichflüsse, im nordbulgarischen Hochlande und in der Dobrudža tiefeingeschnittene Wasserläufe mit theilweise sumpfiger Niederung.

Die wechselvolle Thalbeschaffenheit, das Vorkommen von Stromschnellen, die verwilderten Flussbette bringen es mit sich, dass nur die Save und Donau eine leistungsfähige Schiffahrt aufweisen.

Von den Küsten ist die Strecke Fiume—Bojana-Mündung am reichsten gegliedert und enthält zahlreiche gute Hafenplätze. An der albanesischen Küste haben die Torrenten einen flachen, wenige Häfen bietenden Terrainstreifen angeschwemmt. Auch an der ägäischen Küste sind durch die Wasserläufe größere Deltalandschaften in das Meer vorgebaut worden; doch wird diese Küste durch die Halbinseln (chalkidische und Gallipoli) noch ziemlich gegliedert. Die Küste des Marmara-Meeres, besonders aber jene des Schwarzen Meeres zeigen große Einförmigkeit; an letzterer sind die Buchten von Burgas, Varna und Küstendže die einzigen brauchbaren Hafenplätze.

Klima.

Das Klima ist im Norden und im Innern der Balkan-Halbinsel im allgemeinen continental, an den Küsten und in Griechenland herrscht Seeklima, im Osten an der Küste des Schwarzen Meeres Steppenklima.

Das continentale Klima ist durch Temperatur-Extreme, durch Frühjahrs- und Herbstregen als herrschenden Niederschlag, demnach durch Sommerdürre und Schneearmut charakteristisch. Der Winter ist kurz und rauh, das Frühjahr zeitig mit vielen Kälte-Recidiven, der lange Sommer heiß, der Herbst unsicher und kurz. Im Westen (Bosnien,

Serbien, Becken von Sofia) bedingt das geschlossene Gebirge mit Abdachung und Thalrichtung gegen Nord im allgemeinen kühlere Tem-
peratur, Verschiebung des Frühlings und Herbstes gegen die Sommers-
zeit, in letzterer auch ergiebigen Regen (durch Aufstauung der nördlichen
feuchten Winde).

In der mediterranen Klimaprovinz sind die Temperatur-
Erscheinungen, gefördert durch Einwirkung des Meeres und des
schützenden Gebirgslandes, an der Küste durchaus gemäßigte, nur im
Sommer, besonders im kahlen Felsterrain und landeinwärts, treten
Extreme auf. Der Winter ist kurz und milde. Die Niederschlags-
Verhältnisse lassen schon an der Grenze der Klimaprovinz sehr regen-
arme Sommer erkennen; je weiter gegen Süd geht der herrschende
Frühjahrs- und Herbstregen in den Winterregen über, bei gegen Süd
und Ost abnehmender Menge.

Das Klima ist im allgemeinen gesund; vorherrschende Krankheiten sind: Erkältungen infolge der täglichen Temperaturschwankungen, Fieber in den Niederungen und an den Flachküsten, Sonnen-
stich. Als die ungünstigste Operationszeit kann der Sommer,
wegen der Hitze und des Wassermangels (besonders im Karstgebiete),
bezeichnet werden.

Communicationen.

Natürliche Verkehrswege. Der nördliche Theil der Balkan-
Halbinsel bildet ein wichtiges Passageland für den Landverkehr zwischen
Mittel-Europa und Vorderasien. Der kürzesten Landverbindung, von
der mittleren Donau zu den Meerengen beiderseits der
Marmara, folgt ein durch die Natur begünstigter, viel betretener
Kriegs- und Handelsweg. Dort, wo die Donau die Richtung nach Osten
zu dem allseits geschlossenen Becken des Schwarzen Meeres einschlägt,
weicht die Verkehrslinie vom Strome ab, um eine Reihe von Thalfurchen: Morava, Nišava, Becken von Sofia, Marica und Ergene be-
nützend, direct auf Constantinopel zu führen. Das niedere Bergland
südöstlich Belgrad, zwei tiefliegende Wasserscheiden (Sattel von
Dragoman, 721 m, und bei Vakarel, 822 m), sind zu überwinden, sonst
bieten sich dem Verkehre keine Hindernisse. Die Culturfähigkeit des
Geländes längs dieser Route hat auch zu einer dichteren Besiedlung
geführt, die Entwicklung von Staatswesen begünstigt, und hiedurch die
Grundlage zu den vielfach wechselnden politischen Verhältnissen ge-

geben; an dieser Linie haben sich zu allen Zeiten wichtige kriegerische Ereignisse abgespielt.

Ein Seitenarm des Verkehrsweges führt aus der Gegend von Niš in südlicher Richtung direct an das offene Meer nach Saloniki, dort an wichtige Schiffahrtswege anknüpfend. Auch diese Verkehrslinie: Belgrad, Niš, Skoplje (Üsküb), Saloniki ist von der Natur begünstigt und hat wenige Terrainschwierigkeiten zu überwinden (Thal der südlichen Morava, die bloß 450 m hohe Hochfläche von Kumanova, dann das stellenweise schluchtartige Vardar-Thal; oder von Skoplje über Monastir, Ostrovo nach Saloniki).

Diese günstigen Terrainverhältnisse sichern der Route Belgrad, Saloniki große Vorzüge gegenüber dem gleichfalls historisch bekannten Verkehrs- und Kriegswege Save (Gradiska, Brod), Sarajevo, Mitrovica, Saloniki; letzterer hat namentlich in der Strecke Sarajevo, Mitrovica mehrere tief eingerissene Flussläufe und höhere Wasserscheiderücken (1043 und 1380 m hoch) zu überwinden. Alle vorgenannten Verkehrswege nähern sich einander zunächst der Central- becken (Metoja etc.), stehen dort mehrfach in Verbindung und verleihen hiedurch diesen Gegenden eine große Bedeutung.

Weniger ausgebildet erscheinen jene Verkehrslinien, welche die Halbinsel in westöstlicher Richtung durchziehen. Die oro- graphische Beschaffenheit des Hinterlandes der adriatischen Küste (hohe geschlossene Gebirge, Karst), dann politische und culturelle Ver- hältnisse haben die Zugänglichkeit von dieser Seite sehr erschwert und wenig mehr als einen Localverkehr aufkommen lassen. Der große Verkehr Südwest-Europas mit dem Orient bewegt sich nunmehr fast ausschließlich auf dem Meere: Der einzige durchlaufende Landweg, die Römerstraße Durazzo (Avlona), Ohrida, Monastir, Saloniki, Seres, Dedeagač, Constantinopel, gewinnt erst in der neuesten Zeit durch den allmählichen Ausbau der Bahnen wieder einige Be- deutung.

Für das walacho-bulgarische Becken im Nordosten der Halbinsel bildet nach wie vor die mächtige Donau eine hervorragend wichtige Verkehrslinie.

Eisenbahnen. Der Kriegsschauplatz weist bloß 3 große normal- spurige Eisenbahnlinien auf, u. zw. Belgrad, Sofia, Constantinopel; Niš, Skoplje, Saloniki; Demotika, Kavala, Monastir; bemerkenswert ist noch die Schmalspurbahn Brod, · Sarajevo, Metković. Die Leistungs- fähigkeit der normalspurigen Linien beträgt 8—10/60—100 achsige, der Schmalspurbahnen (theilweise im Occupationsgebiete und in Griechenland) 8—10/50 achsige Züge täglich. Eisenbahnnetz rund 5300 *km*, ohne Croatien und Süd-Ungarn (Österreich-Ungarn 32.000 *km*). Wichtigere Bahnbauten, bezw. Projecte: Spalato, Livno, Bugojno (Project). — Gabela (bei Metković), Castelnuovo (im Bau). — Turn-Severin (oder Radujvac), Niš, Kuršumlija, Priština, Prizren, Scutari, S. Giovanni di Medua (Project). — Varna, Šumla (fertig), östlich Mizdra (im Bau), Radomir (fertig), Küstendil (im Bau), Skoplje (Project). — Monastir, Elbasan, Durazzo oder Monastir, Korica, Joannina (Projecte).

Straßen. Infolge des Bodenreliefs, der geringen Bevölkerungsdichte, des geringen Culturgrades und des Mangels an Bedürfnis ist das Straßennetz im allgemeinen noch wenig entwickelt; im Occupationsgebiete, in Serbien, Bulgarien und Montenegro ist eine Besserung bemerkbar; in der Türkei selbst bestehen keine Straßen nach europäischem Begriffe.

Naturwege. Fahrwege, gewöhnlich bloß für Karren benützbar, kommen vorherrschend im Flachlande, Saumwege — meist schlecht und im Winter unpassierbar — im Gebirge vor; Fußsteige sind selten.

Unterkunftsverhältnisse.

Die Unterkünfte des Schauplatzes sind — ausgenommen das Flachland, wo bessere größere Orte vorkommen, — für große Heere unzureichend, ihrer Qualität nach meist sehr minder; Fortschritte sind in den Städten des Occupationsgebietes, Serbiens und Bulgariens bemerkbar.

Die Wohnorte bestehen im Gebirge aus zerstreuten Dörfern mit Block- oder Steinhäusern, für den Belag gewöhnlich ungeeignet; sonst aus Dörfern mit Lehmhütten, sehr primitiv und schmutzig; ausgesprochener Mangel an Stallungen. Bemerkenswert sind — besonders in Albanien — die zahlreichen soliden Kulen, dann die geräumigen Einkehrhäuser (Hans, Mehanas) an den Straßen und die Klöster.

Infolge der schlechten Unterkunftsverhältnisse wird das Lager die Regel bilden; bessere Verhältnisse sind bloß in den größeren Becken und im Flachlande, wo der Unterkunfts-Coefficient 1 : 1 betragen dürfte.

Statistische Angaben.

Bevölkerung.

Eine übersichtliche Darstellung der Bevölkerungsverhältnisse ist noch immer durch den Mangel verlässlicher Daten, vornehmlich aber durch den Umstand erschwert, dass Bevölkerungstheile gleicher Abstammung, aber verschiedener Religion, sich förmlich als fremde Nationen gegenüberstehen. Endlich bringt die wechselnde, noch nicht zum Abschlusse gelangte politische Gestaltung der Halbinsel stets Verschiebungen der ethnographischen Verhältnisse mit sich. Ohne Rücksicht auf die Religion, nur nach der Nationalität, wären zu unterscheiden:

C r o a t e n und S e r b e n, ca. 7 Mill., bilden die große Majorität der Bevölkerung innerhalb des illyrischen Gebirgslandes.

B u l g a r e n, ca. 5 Mill., bewohnen den Nordosten von der Linie Timok, Leskovac, Skoplje, Monastir, Kastoria angefangen, jedoch nicht das ägäische Küstengebiet.

G r i e c h e n, ca. 4 Mill., bewohnen Griechenland, dann beiderseits der Arta, im Vistrica-Gebiete, die ägäische Küstenlandschaft (sammt Chalkidike) und jene des Pontus bis gegen Burgas.

A l b a n e s e n, auf 1·8 Mill. geschätzt, bewohnen das albanesische Gebirgsland, die Gegenden am Beli Drim, oberen Vardar und Oberlaufe der Morava (dort nach Serbien hineinreichend).

O s m a n l i - T ü r k e n, ca. 1 Mill., sind in dem Gebiete zerstreut, dichter kommen sie im Landstriche zwischen Skoplje und Seres, im Rhodope-Gebirge, an der unteren Marica, am Ergene, im östlichen Rumelien, besonders aber im östlichen Bulgarien und in der südlichen Dobrudža (mit Bulgaren und Griechen vermischt) vor.

R u m ä n e n ca. 200.000, wohnen als sesshafte Bevölkerung im nordöstlichen Serbien und in Nordbulgarien. (In Rumänien 5·5 Mill.)

I t a l i e n e r, ca. 50.000, bewohnen einen Theil der dalmatinischen Küste, und sind in den übrigen Küstenstädten gleichfalls vertreten.

Z i n z a r e n (romanischer Abstammung) finden sich in einzelnen Gruppen im südwestlichen Macedonien.

F r e m d e, u. zw.: Deutsche, Magyaren, Polen, Araber, spanische Juden, Armenier (200.000) etc.

Die B e v ö l k e r u n g s d i c h t e schwankt zwischen 25—50 per km^2, am dichtesten besiedelt sind Croatien, Serbien, Bulgarien und die Küstengebiete.

A n a l p h a b e t e u : 42—88% der Bevölkerung (Occupations-
gebiet, Serbien und Montenegro 80—88%, Croatien, Dalmatien,
Griechenland und Bulgarien 42—48%).

Die durchschnittliche Vertheilung der Bevölkerung ist aus fol-
gender Tabelle zu entnehmen:

Staatsgebiet	Flächen-inhalt in km^2	Einwohner-zahl	Durch-schnittliche Einwohner-zahl per km^2
Croatien	42.501	2,300.000	55
Dalmatien	12.862	560.000	44
Occupationsgebiet	51.110	1,700.000	33
Montenegro	9.085	280.000	31
Serbien	48.590	2,300.000	48
Bulgarien (mit Ost-Rumelien) . . .	96.660	3,300.000	34
Europäische Türkei	175.883	6,100.000	33
Griechenland	65.119	2,430.000	34
Zusammen	501.810	18,970.000	39

'R e s s o u r c e n.

G e t r ä n k e. Trinkwassermangel herrscht im Sommer im Karstgebiete und im bulgarischen Flachlande; schlechtes Wasser kommt in
den Niederungen, besonders an der Save, und in der südöstlichen Türkei
vor. Wein ist fast überall vorhanden.

H o l z m a n g e l im Karstgebiete, in den Hochlandspartien am
Schwarzen Meere, dann local in den Becken.

C e r e a l i e n. Requisitionen werden nur in den flacheren Theilen
Ergebnisse liefern, die höheren Partien und der Karst sind fast
ressourcenlos; die fruchtbarsten Gebiete mit Überschuss sind: Croatien,
Nordserbien, Bulgarien, das macedonische Becken und Thessalien; die
Hauptfrucht ist Mais, Weizen und Gerste; Hafer und Heu sind im
geringen Maße erhältlich (hiefür zahlreiche Weiden). Gesammt-Jahres-
production: 40 Mill. hl Getreide (ohne Albanien, Montenegro und
der südöstlichen Türkei).

S c h l a c h t v i e h ist fast überall hinreichend vorhanden, vorwiegend im Gebirge und hauptsächlich Schafe, im Karstgebiete auch
Ziegen. Gesammtstand (ohne Croatien und der südöstlichen Türkei):
4 Mill. Rinder, 23 Mill. Schafe und Ziegen, 3 Mill. Schweine.

Transportmittel. Mit Ausnahme Croatiens wird allgemein das Tragthier als Transportmittel verwendet, u. zw. meist das Pferd, in Dalmatien auch das Maulthier und der Esel, mit einer Traglast von 70—120 *kg*. Im Flachlande kommen überdies auch primitive Karren vor, mit einer Tragfähigkeit von 3—6 *q* und mit 2—4 Ochsen oder Büffeln als Bespannung. In Croatien ist das allgemein übliche Transportmittel der vorwiegend mit Pferden bespannte Wagen (4—10 *q*).

Einfluss des Karstes auf Organisation, Ausrüstung, dann auf die Thätigkeiten der Armee.

Im allgemeinen.

Der Karst hat außer den jedem Gebirgslande zukommenden, noch besondere Eigenthümlichkeiten, welche in der Beschaffenheit des Bodens, in der Ressourcenarmut und im Klima begründet sind. Diese Abnormitäten werden durch die eigenthümliche Kampfweise der voraussichtlichen Gegner noch verschärft.

Der Karstboden erschwert die Bewegung im allgemeinen. Er hindert die Entwicklung des Communicationsnetzes, so dass namentlich fahrbare Verbindungen relativ selten sind. Als gut gangbar können nur die Sohlen der größeren Becken bei trockenem Wetter, dann jene nicht verkarsteten Theile bezeichnet werden, welche nicht steil oder bebuscht sind (z. B. Alpenweiden etc.). Ein wesentliches Hindernis der Bewegung bildet das sehr häufig vorkommende dichte Gestrüpp. Dennoch muss mit geringen Ausnahmen der Karstboden als gangbar bezeichnet werden (Beweglichkeit des Gegners, Zwang zu gleicher Leistung, bisherige Erfahrungen).

Der Karstboden erschwert den Meldedienst, die Befehlsübermittlung und Truppenverschiebungen (einmal gegebene Dispositionen daher noch weniger zu ändern, als sonst). Der optische Telegraph, Rauchsignale und das landesübliche Zurufen von Berg zu Berg werden zur Anwendung gelangen.

Die Unübersichtlichkeit des Karstbodens begünstigt Überfälle und Überraschungen.

Die Ressourcenarmut, vor allem die ungünstigen Trinkwasserverhältnisse bewirken, dass einerseits hohe Anforderungen an die Genügsamkeit des einzelnen Soldaten gestellt, andererseits weitgehende Verpflegsvorsorgen getroffen werden müssen.

Diese Verhältnisse schließen die Verwendung großer Heeresmassen aus. Bei Unternehmungen kleinerer Kräfte im Lande selbst kann man sich vom Train unabhängiger machen, wenn in zahlreichen, über das ganze Land vertheilten Befestigungen Vorräthe deponiert sind.

Die günstigste Jahreszeit für Operationen ist unmittelbar nach der Frühjahrs- oder Herbst-Regenperiode. Die ungünstigsten Verhältnisse findet man im Hochsommer. Abgesehen von der drückenden Hitze macht sich dann der Wassermangel sehr fühlbar. Die Wintermonate eignen sich — wenn nicht gerade abnorme Witterungsverhältnisse herrschen — immerhin zu Operationen; diese müssen jedoch während der heftigen, aber kurz dauernden Bora- oder Schneestürme unterbrochen werden.

Die Kampfweise des voraussichtlichen Gegners ist die des kleinen Krieges. Die Genügsamkeit der Eingeborenen macht sie vom Train unabhängiger, ihre große Leistungsfähigkeit im Marschieren benützen sie zu überraschendem Auftreten; hierauf und auf die genaue Kenntnis des Landes gründen sich die meisten ihrer Erfolge.

Organisation und Ausrüstung.

Die Organisation der hier zur Verwendung kommenden Heereskörper muss mit den — durch den Kampf im Karste nothwendigen — Änderungen auf die normale Gebirgsausrüstung basiert sein.

Cavallerie kann nur in beschränktem Maße zur Geltung kommen; am meisten empfehlen sich mit einheimischen Pferden versehene Reiter (Ordonnanzdienst). Feld-Artillerie ist wenig zu verwenden; Gebirgs-Artillerie kommt dagegen überall fort. Pionniere werden in größerer Zahl erforderlich. Der Train ist thunlichst zu vermindern und — mit Ausnahme der auf den Straßen verwendbaren Fuhrwerke — aus einheimischen Tragthieren zu bilden.

Bei der Ausrüstung kommt die Fußbekleidung zunächst in Frage. Der normale Schuh eignet sich wenig für die Bewegungen im Karste, nur auf Straßen sind Schuhe besser als Opanken. Leute, welche an Opanken gewöhnt sind, wären mit solchen auszurüsten; die übrigen hätten statt der leichten Schuhe Opanken (und Wollsocken) zu erhalten. Die Zahl der Reserveschuhe und Sohlen wäre bedeutend zu vermehren.

Mit Rücksicht auf die klimatischen Verhältnisse wären für Freilager (neben Benützen von Zelten) Decken (Plaids, Struka) auszugeben. In der heißen Zeit sollten Nackenschützer und eine zweite Feldflasche in Gebrauch kommen. Die Unterabtheilungen hätten Tränkeimer (Hanfgarn) und Stricke mit sich zu führen, um aus den Cisternen Wasser schöpfen zu können (jeder Mann überdies eine Schnur für den Trinkbecher). Das Wasser muss häufig mit Alkohol (Kaffee, Essig etc.) gemengt, oder gekocht oder filtriert werden, wenn es nicht gesundheitsschädlich sein soll. Die Leute, die kein Gewehr tragen, sollten für den Nahkampf mit Revolvern versehen werden.

Märsche.

Für die Marschgeschwindigkeit gilt der allgemeine Maßstab (100^x in der Minute) bloß bei den Straßen und höchstens noch auf den erhaltenen Saumwegen. Auf den gewöhnlichen Wegen kann man nur 50—60^x, auf sehr verkarsteten steilen Wegen kaum 30—40^x per Minute rechnen. Die Bewohner geben für die Hauptverkehrslinien ziemlich verlässliche Daten in Reitstunden; eine solche entspricht einer Distanz von ca. 5 km oder 1$\frac{1}{2}$ Gehstunden.

Als normale Tagesleistung bei mehrtägigen Märschen auf Saumwegen können 3—4 Reitstunden (ohne Rast) angenommen werden; es entspricht dies einer Entfernung von 15—20 km.

Als Marschzeit wird man während der großen Hitze die kühleren Tagesstunden, besonders den frühen Morgen wählen, um Hitzschläge und übergroße Ermüdung der Truppen zu vermeiden.

Die Marschform in Doppelreihen ist nur auf den Straßen zulässig. Auf den erhaltenen Saumwegen kann wohl meist in Reihen marschiert werden. Doch finden sich häufig bloß für den Einzelnmarsch geeignete Strecken. Tragtiere marschieren auch auf Straßen unbedingt nur einzeln.

Außer den gewöhnlichen Rasten müssen auch kürzere wiederholt zur Erholung bei anstrengenden Auf- und Abstiegen und behufs Versorgung mit Wasser eingeschaltet werden.

Die Marschordnung muss bei Gefechtsmärschen der raschen Entwicklung nach allen Seiten (also auch nach rückwärts) Rechnung tragen. Der Train wird unter Umständen in die Mitte der Colonne einzutheilen sein.

Nächtigen.

Das Cantonieren größerer Körper ist nur in den wenigen bedeutenderen und geschlossenen Orten möglich. Kleinere Orte können nur einzelne Compagnien, oft kaum einen Zug aufnehmen. Für längeren Aufenthalt größerer Körper empfehlen sich daher Baracken, während der Operationen ist man aber zum Freilager gezwungen.

Beim L a g e r sind für die Platzwahl die Trinkwasserverhältnisse ausschlaggebend. Um auch Schutz gegen den Wind zu finden, lagert man am besten in den Dolinen. Die menschlichen Ansiedlungen bezeichnen meist auch günstige Lagerplätze. Im Contact mit dem Feinde ist man aber gezwungen, auf den Höhen zu lagern; das Wasser muss dann oft dahin mitgenommen werden.

Brennholz liefert meist das Gestrüpp. Dasselbe fehlt jedoch öfters bei den günstigen Lagerplätzen — in den Beckensohlen — und muss dann weit von den Höhen geholt werden; in diesen Fällen erscheint es zweckmäßig, beim Anmarsche schon Holz zu sammeln und mitzutragen.

Die Lagerform ist so zu wählen, dass kleinere Trains der Sicherheit halber innerhalb der Truppe lagern.*)

Verpflegung.

Die Verpflegung muss größtentheils auf C o n s e r v e n basiert werden. Mit Rücksicht auf die großen Anstrengungen muss für reichliche Verpflegung gesorgt werden. Die geringen Ergebnisse der Requisition (Lieferung, Kauf) wären zur Aufbesserung der Kost zu verwenden (frisches Hammelfleisch, landesübliches Brot, Rauchfleisch, Käse etc.). Gemüse-Conserven, im Sommer saure Speisen, sind aus sanitären Gründen nothwendig. Thee ist dringend nöthig (Ersatz für Wein, Branntwein). W a s s e r w i r d h ä u f i g n a c h g e f ü h r t w e r d e n m ü s s e n. Die Erzeugung von Brot bei der Truppe ist schwer durchführbar (eiserne Gebirgs-Backöfen).

Statt H a f e r wird meist Gerste oder Mais, statt Heu die Weide in Anwendung kommen.

Schluss-Folgerungen.

Die orographischen Verhältnisse — und als deren Folge die verschiedenartigen Bedingungen für die culturelle Entwicklung — haben die Bildung größerer Staaten (auf die Dauer) auf der Balkan-Halbinsel nicht begünstigt. Die Scheidung der größeren culturfähigeren Landschaften (Becken) durch hohe unwegsame Gebirge, sowie das Überwiegen der gebirgigen Formationen im Westen der Halbinsel haben

---

*) Die Montenegriner pflegen derart zu nächtigen, dass Geschütze und Train, sowie die weidenden Thiere auf der Beckensohle, die Truppen selbst rings auf den Höhen lagern.

vielmehr zur Bildung kleinerer Staaten im Osten geführt, während im Westen überhaupt nur unvollkommene Staatswesen möglich wurden. Auch die gegenwärtig bestehenden Staatengebilde können, abgesehen von den nationalen und politischen Verhältnissen, auch in national-ökonomischer Beziehung nicht miteinander harmonieren, da die gleichartige Production keinen Austausch zulässt, vielmehr die Rivalität und hiemit die andauernde Trennung begünstigt werden. Es ist somit auch vom militärischen Standpunkte eine summarische, gleichartige Beurtheilung der geographischen Verhältnisse (wie z. B. auf dem nordöstlichen Kriegsschauplatze) nicht thunlich, vielmehr eine Untertheilung des Raumes nach den politischen Factoren von Vortheil.

Für die Untertheilung gibt die Bodengestaltung eine weitere Andeutung, da die Führung des großen Krieges wohl in den östlichen, mehr gangbaren Gebieten denkbar ist, während der ganz mit Gebirgen erfüllte Westen der Halbinsel nur die Kriegführung mit begrenzten Kräften zulässt. Endlich zwingt auch die Zugänglichkeit des adriatischen Küstengebietes für maritime Unternehmungen zu einer speciellen Beurtheilung dieser Verhältnisse.

Im vorliegenden Behelfe werden daher die militär-geographischen Erläuterungen nach einzelnen Raumabschnitten zusammengefasst.

III

Das croatische und norddalmatinische Küstengebiet.

Bodengestaltung und Bodenbedeckung.

a) Gliederung.

Das illyrische Küstengebiet wird durch die Thäler der Zrmanja-Butišnica und der Narenta in 3 große Abschnitte zerlegt.

Im Abschnitte nördlich der Tiefenlinie Zrmanja-Butišnica erhebt sich unmittelbar an der Küste das mächtige Plateau von Hochcroatien, welches im Norden bis zur Linie Fiume, Delnice, Kulpa reicht; landeinwärts endet es an der Una und an der Linie Bihać, Verbovsko, an welch letzterer das 250—400 m hohe Karst-Hochland an der Korana vorgelagert ist.

Im mittleren Abschnitte zwischen Zrmanja-Butišnica und Narenta-Thal scheidet die Tiefenlinie Knin-Clissa den östlichen, höheren Theil — die dinarischen Alpen (welche sich östlich bis zur Linie Unac, Glamoč, Kupreš, Rama ausbreiten) — vom westlichen tieferen Raum — dem norddalmatinischen Flachlande.

Der Abschnitt südlich des Narenta-Thales wird vom süd-hercegovinischen Terrassenlande erfüllt; dessen Besprechung erfolgt im Capitel IV.

b) Das Plateau von Hochcroatien.

Hochcroatien besteht aus einer 600—700 m hohen plateau-förmigen Basis und dieser aufgesetzten 800—1700 m absolut hohen Erhebungen; das Plateau endet am Meere fast durchwegs steil und stufenförmig.

Die E r h e b u n g e n an den Rändern (Velebit, Plješevica) reichen bis in die Alpengebirgshöhe und fallen schroff ab; jene auf der Hochfläche selbst haben gewöhnlich Berglandscharakter, bloß die Kapela weist ausgedehntere Mittelgebirgs-Formationen auf. Alle diese Erhebungen zeigen meist den Karstcharakter; ihre Streichrichtung geht vorwiegend gegen Südost.

Zwischen den Gebirgszügen liegen weite, 500—800 m hohe B e c k e n (Gačka, Krbava, Lika, Ogulin etc.), deren Sohlen bei Hochwasser theilweise überschwemmt werden.

B o d e n b e d e c k u n g. Längs der Küste findet sich bis 150 m Höhe — besonders im Vinodol — schwer gangbare italienische Cultur, weiterhin am Küstenabfall bis 700 m Höhe höchstens Gestrüpp; im übrigen Hochcroatien kommen zusammenhängende Gebüschpartien und Waldungen (mit 38% Gesammtausdehnung, meist Laubholz) vor; Ackerboden weisen nur die Becken auf.

c) Das Gebiet der dinarischen Alpen.

Der vorliegende Raum wird im nordöstlichen Theile vom A l p e n - g e b i r g e erfüllt, während sich im Südwesten das „d a l m a t i n i s c h e M i t t e l g e b i r g e" ausbreitet; zwischen beiden liegt ein Depressionsgebiet, „das H o c h l a n d v o n L o v r e ć, I m o s k i, L j u b u š k i", welches südlich Sinj beginnt und an der Narenta zwischen Mostar— Metković endet.

D a s A l p e n g e b i r g e. Der H a u p t z u g, von der Unac-Mündung bis zum Quellengebiete der Ričina reichend, enthält im mittleren Theile mächtige Plateaux von 1600—1700 m, über diese Plateaux ragen Kuppen bis zu 1900 m Höhe (Dinara, Troglav) auf. Der Abfall gegen das Livansko polje erfolgt steil und unvermittelt; jener gegen Südwest ist stufenförmig und zumeist kahl.

Jenseits des Livansko polje streicht parallel zum Hauptzuge ein System von 1500—1800 m hohen A l p e n g e b i r g s s t ö c k e n, welche den Raum bis zur Tiefenlinie Glamočko polje, Suho polje, Rama ausfüllen. Einzelne Theile haben Hochgebirgs-Charakter (Činčer 2006 m, Čvrstnica 2227 m). Die Obertheile tragen vielfach Hutweiden, auch Alpenwiesen; die durchwegs steilen Abfälle sind mit Wald und Gestrüpp bedeckt. Mit Ausnahme der felsigen und öden Čvrstnica ist der Boden nur mäßig verkarstet.

Das d a l m a t i s c h e M i t t e l g e b i r g e, nächst dem Dinara vom dinarischen Hauptzuge ausgehend, weist streckenweise Alpengebirgs-Charakter auf (Mosor 1330 *m*, Biokovo planina 1762 *m*) und erleidet zwischen Spalato und Sinj eine große Depression (400—700 *m*); die Obertheile sind stark verkarstet, die Abfälle allseits steil und felsig.

Das zwischen dem Alpen- und dem Mittelgebirge eingelagerte Hochland wird theils von felsigen, 200—400 *m* relativ hohen Rücken, theils von breiten Hügelwellen durchzogen und nimmt von Nordost gegen Südwest an Höhe ab (700—250 *m*); die Verkarstung ist nur um Lovreć sehr stark.

Von den größeren, zwischen den einzelnen Gebirgspartien eingelagerten Becken (Grahovo, Livno, Glamoć, Kupreš, Županjac, Sinj, Imoski, Ljubuški, Mostarsko blato) sind bloß jene von Glamoć, Livno, Imoski und Ljubuški besser cultiviert; die meisten enthalten nur Hutweideboden. Zur Regenzeit verursachen die Schlundflüsse große Überschwemmungen und theilweise auch andauernde Versumpfung der Beckensohle; aus diesen Gründen liegen auch die Ortschaften sämmtlich nächst der Beckenränder. (Im Becken von Livno und von Ljubuški sind große Ent- und Bewässerungsarbeiten im Zuge.)

d) Das norddalmatinische Flachland.

Nordwestlich der Kerka und Čikola herrscht bis 350 *m* hohes, wenig cultiviertes Karst-Hochland vor, in welchem sich die Zrmanja, Kerka und Čikola bis 300 *m* tiefe, schluchtartige Thäler eingerissen haben.

In der Linie Benkovac—Scardona fällt dieses Hochland zu einem besser cultivierten, nur mäßig verkarsteten Flachlande von ca. 100 *m* Höhe ab.

Südlich der Kerka und Čikola ist das Land von zahlreichen, 600—900 *m* hohen Karstrücken durchzogen, welche dort, wo sie an das Meer treten, besonders steil gegen dasselbe abfallen. Viele Theile sind sehr stark verkarstet und mit Gestrüpp bedeckt; eigentlicher Wald kommt äußerst selten vor; an der Küste herrscht Terrassen-Cultur.

e) Inseln.

Die Inseln tragen lange, steil geformte, 300—800 *m* hohe Rücken. Dieselben setzen sich häufig über die Inseln in einer Aufeinanderfolge von Klippen und Untiefen fort. Der Bau der Inseln zeigt große Übereinstimmung mit dem benachbarten Festlande.

Die Verkarstung des Bodens ist besonders auf den Obertheilen der Rücken, ferner auf den NO.-Hängen eine sehr starke. In den gegen SO. streichenden Thälern, dann an den SW.-Küsten findet sich Schwemmboden.

Die Bodenbedeckung besteht größtentheils aus Hutweiden und Gestrüpp. Besonders an den NO.-Seiten werden durch die heftigen Stürme (Bora) die Meerwassertheilchen weit in das Land getragen und das Salz derselben überkrustet und unterdrückt jede Vegetation. Baumwuchs findet sich daher meist nur auf den SW.-Abfällen, Cultur nur in geschützten Lagen.

Die bedeutenderen Inseln sind: Veglia, Arbe, Pago, Cherso, Lussin, nördlich des Canale di Zara; Melada, Ugliano, Pasman, Lunga, Incoronata, nördlich Sebenico; Solta, Brazza, Lesina, Lissa, Curzola, Lagosta, Meleda, südlich Sebenico.

Gewässer.

Flüsse.

Die Küstenflüsse des Adriatischen Meeres kommen insgesammt aus dem Karstgebiete. Infolge des zerrissenen höhlenreichen Bodens, der bedeutenden Entholzung und der damit im Zusammenhang stehenden Unregelmäßigkeit der Niederschläge, können sich größere Wasserläufe nur ausnahmsweise bilden. Die wenigen, stets wasserreichen Flüsse dieses Gebietes besitzen meist einen kurzen Lauf. Sie entspringen gewöhnlich mit bedeutender Wassermasse als Abfluss eines unterirdischen Beckens. Im Flussbette finden sich oft Absätze. Wegen des großen Gefälles führen diese Flüsse viele Geschiebe mit, welche sie an der Mündung ablagern und hiedurch Versandungen verursachen.

a) Die **Zrmanja,** $\frac{40-150}{3-8}$ $0\cdot5-1$,[*]) durchfließt ein meist enges, von steilen, 150—300 m hohen Hängen eingefasstes Thal. Von Obrovazzo an undurchwatbar und für kleine Küstenfahrer schiffbar.

b) Die **Kerka,** bei Knin $\frac{35-50}{1-1\cdot5}$, dann $\frac{200-700}{1\cdot5-6}$ $0\cdot5$. Mit Ausnahme des (4 km breiten, 15 km langen) Thalbeckens von Knin windet sich der Fluss durch einen engen, 50—300 m tiefen Felseinschnitt. Viele Stromschnellen beschränken die Schiffahrt auf der Strecke abwärts

---

[*]) $\frac{\text{Wasserbreite}}{\text{Wassertiefe}}$. Geschwindigkeit.

Scardona (größere Küstenfahrer und kleine Dampfer). Sebenico ist ein guter, geschützter Ankerplatz, hat aber eine schwierige Zufahrt.

Der Zufluss Č i k o l a, $\frac{10-20}{1\cdot2}$, hat bis Drniš ein offenes, cultiviertes, dann aber schluchtartiges Thal. Der Fluss trocknet im Sommer ganz aus.

c) Die **Cetina**, $\frac{30-150}{0\cdot6-1\cdot5}$. Sie durchfließt zwischen den Becken von Cetina und Sinj ein beschränktes steilgerändertes Thal. Abwärts des Sinjer Beckens ist das Thal schluchtartig, von 100—300 *m* hohen Felswänden gebildet. Nur die Mündungsgegend ist für Segelbarken schiffbar.

Seen und Sümpfe.

1. Das ausgedehnte Becken von L i v n o enthält große Sumpfflächen, welche im Sommer gewöhnlich bis auf wenige Stellen austrocknen (die Regulierungsarbeiten sind erfolgreich).

2. Das M o s t a r s k o b l a t o hat ähnlichen Charakter.

3. In D a l m a t i e n bestehen Sümpfe in einigen Gegenden das ganze Jahr hindurch, in anderen trocknen sie im Hochsommer aus. Die beständigen liegen in der Nähe des Meeres (bei Nona, an der Narenta); periodische (Herbst und Winter) kommen nächst Benkovac, Knin, Trilj, Imoski vor.

Das Adriatische Meer. (Fiume—Spizza.)*)

Von Fiume bis über die Mitte des Canale della Morlacca ist die Küste fast ununterbrochen steil, felsig und zerrissen. Zwischen dem Canale della Morlacca und der Kerka-Mündung nehmen Höhe sowie Neigung ab, stellenweise tritt selbst Flachküste auf; die Gegend von Nona ist versandet. Von der Kerka- bis zur Narenta-Mündung enden die Karstgebirge am Meere mit hohen steilen Füßen, welche gegen Süden an Höhe zunehmen; nur bei Spalato weichen die Höhen von der Küste zurück und dachen weniger steil zum Meere ab. Südlich Spalato begleiten wieder Höhenzüge die Küste und fallen, mehrere hundert Meter hoch, schroff zum Meere ab. Erst an der Narenta-Mündung treten die Höhen zurück und werden niedriger, gangbarer.

Südlich der Narenta-Mündung herrscht die Steilküste vor. Besonders in die Bocche di Cattaro stürzen die Höhen stellenweise wand-

---

*) Der Übersicht halber hier zusammengefasst.

artig zum Meere ab. Die Abfälle sind beinahe durchwegs stark verkarstet. Von Slano bis Castelnuovo sind sie oft terrassiert, mit Wein-
und Olivencultur bedeckt; in der Bocche di Cattaro beschränkt sich
die Cultur auf den schmalen Küstensaum; die Abfälle der Höhen
zwischen Risano und Cattaro sind kahl, stark verkarstet. Flache Stellen
von größerer Ausdehnung bilden das Mündungsgebiet der Narenta, das
Sutorina-Thal und die Zupa; kleinere Ebenen liegen bei Gravosa-Ragusa
Budua, Castel Lastua und Spizza.

Meerestiefe.*) Die Tiefenlinie von 10 m läuft meist nahe
dem Lande und finden sich Stellen, wo unmittelbar an der Küste die
Meerestiefe über 10 m reicht. Die Meerestiefe beträgt im Canale della
Morlacca 50—100 m, im Canale di Pasman bis 8 m, im Hafen von
Sebenico 40 m, bei Spalato 10 m, an der Narenta-Mündung 15 m, im
Canale di Curzola und di Meleda 60—80 m, im Hafen von Gravosa
über 20 m, in der Bocche di Cattaro ca. 40 m, bei Budua etwa 40 m.
— Seewärts der dalmatinischen Inseln nimmt die Tiefe bedeutend zu
sie beträgt 10 km von der Küste über 150 m, 40 km südlich von Meleda
über 1000 m. **)

Der Meeresgrund ist vorwiegend Schlamm, an der Küste
häufig auch Sand, Fels oder Gerölle.

Der Unterschied zwischen Ebbe und Flut variiert von 0·3—2 m.

Eine stetige Meeresströmung mit einer mittleren Geschwindigkeit von 0·14 m per Secunde zieht von SO. längs der dalmatinischen Küste und durch den Quarnero gegen NW.

Häfen und Buchten sind zahlreich vorhanden. Der bedeutendste Hafen Dalmatiens ist Spalato; von günstigen Ankerplätzen
sind hervorzuheben: Zara, Sebenico, Traù, Lissa, Gravosa, Bocche di
Cattaro.

Schiffahrtshindernisse. An vielen Stellen der Küste er-
fordert die Schiffahrt infolge zahlreicher Klippen und Untiefen besondere
Sorgfalt (z. B. die Passagen zwischen Melada und Grossa, zwischen
Incoronata und Zuri, der Canal di Pasman, die Einfahrt bei Sebenico,
Canal von Sabbioncello). Im Quarnero herrschen zur Zeit der Äquinoctien,
sowie überhaupt im Winter heftige, die Schiffahrt störende Borastürme;

---

*) Es tauchen: Panzerschiffe 9—7 m; Transportschiffe von 3600 t 6·5—6 m;
Torpedoboote mittlerer Größe 1·8 m; beim Ankern soll unter dem Kiel wenig-
stens 2 m Wasser vorhanden sein.
**) Die größte Tiefe des Adriatischen Meeres 1650 m.

am stärksten macht sich die Bora fühlbar im Canale della Morlacca, bei Sebenico und im Canal di Brazza. Die Verbindung des Canale della Morlacca mit dem Canale di Zara ist für größere Schiffe nicht prakticabel; die Meerenge von Pasman ist nur für mittelgroße Schiffe benützbar; der Canal von Sabbioncello ist durch Klippen etc. außerordentlich beengt.

Schiffahrt. Der Dampfschiff-Verkehr wird von mehreren Gesellschaften besorgt. Der österreichische Lloyd verfügt (1898) über 80 Dampfer mit rund 80.000 t; die einzelnen Dampfer fassen 50 bis 2400 Mann. Die ungarische Dampfschiffahrts-Gesellschaft Adria besitzt 25, die ung.-croatische Dampfschiffahrts-Gesellschaft 20 Dampfer.

Die österr.-ung. Handelsflotte besteht (1898) aus 234 Dampfern, 1700 Segelschiffen und 10.000 Barken (Gesammtbemannung 32.000 Mann).*)

Die Annäherung selbst großer Kriegsschiffe bis auf wirksame Schussweite ist nahezu an der ganzen Küstenstrecke möglich.

Für Landungen sind an der reich gegliederten Küste viele günstige Stellen vorhanden.

Klimatische und sanitäre Verhältnisse.

An der Küste herrscht Seeklima, in den höher gelegenen Theilen continentales Klima, mit vielen durch Relief und Karstcharakter hervorgerufenen örtlichen Verschiedenheiten. In der Alpengebirgszone ist das Klima rauher. Im größeren Theile des Gebietes sind strenger Winter, kurzer, unbeständiger Frühling, langer Sommer mit drückender Hitze, große Temperaturschwankungen auch im Sommer (die Küste ausgenommen) charakteristisch. Herbst, Winter und zum Theile das Frühjahr sind ausgesprochene Niederschlagszeiten, wogegen im Sommer eine 2—3 Monate dauernde Dürre herrscht; Schneefälle kommen nur in den höheren Partien, dort aber massenhaft vor.

Vorherrschende Winde sind der Scirocco, die Bora und der Maestral. **)

---

*) Italienische Handelsflotte (1898): 365 Dampfer, 6200 Segler, 13.000 Barken; englische Handelsflotte (1898); 8400 Dampfer, 13.000 Segler, 42.000 Barken.

**) Die italienischen Bezeichnungen für die Windrichtungen sind: Tramontana Nord-, Greco Nordost-, Levante Ost-, Scirocco Südost-, Libeccio Südwest-, Ponente Westwind.

Der Scirocco ist ein feuchter, warmer Seewind, der fast immer von Südost bläst, stets Regen bringt und am häufigsten im Winterhalbjahr auftritt; er bläst constant, gewöhnlich nicht sehr heftig, wühlt aber das Meer stark auf. (Der Scirocco wirkt auf den menschlichen Organismus ermattend ein, ruft Kopfschmerzen und allgemeines Unbehagen hervor.)

Die Bora ist ein trockener kalter, in kurzen heftigen Stößen wehender Nordostwind; sie bringt Trockenheit und Kälte, bläst 1—3 (aber auch 9—15) Tage, vornehmlich im Winterhalbjahre. Während starker Bora ist der Verkehr häufig ganz unmöglich, besonders aber gefährdet ist die Schiffahrt. Durch Wegtragen der Erde und Vernichten der jungen Pflanzen erschwert die Bora wesentlich das Aufforsten des Karstes.

Der Maestral herrscht im Sommer vor, ist ein Nordwestwind, der als Seewind feucht und frisch bei Tage weht, schönes Wetter bringt; er beginnt gewöhnlich 2 Stunden vor Mittag und weht bis Sonnenuntergang.

Die sanitären Verhältnisse sind im Küstenbereiche ungünstiger, als in dem hoch gelegenen Landinneren. Am ungesündesten sind die heißen Monate Juli und August; die wenigsten Erkrankungen kommen im October und November vor. Die häufigsten Erkrankungen sind acute Rheumatismen, Katarrhe der Bronchien und der Verdauungsorgane. (Das Tragen wollener Leibwäsche, insbesondere der Bauchbinden, Diät, Gebrauch von Zelten und Decken bei Freilager sind dringend geboten.) Ausgesprochene Fiebergegenden sind: die Mündungsgebiete der Zrmanja, Kerka und Narenta, das Mostarsko blato, die Umgebung von Knin, Benkovac, Imoski und Vrgorac.

Verkehrsmittel.

I. Landesübliche Transportmittel.

Das Tragthier steht vorwiegend im Gebrauche. Das Tragpferd ist kleinen Schlages, meist schlecht gehalten, aber abgehärtet, ausdauernd und sehr sicher; es trägt 80—120 kg Last. Das Maulthier ladet 80—100 kg. Die Esel sind kleineren Schlages, werden aber noch mit 70—80 kg belastet.

Wagen werden nur stellenweise verwendet; sie sind leicht construiert, vielfach ohne Eisenbeschlag, vorherrschend mit Ochsen bespann und laden 4—6 q.

2. Eisenbahnen.

Dalmatien ist gegenwärtig mit dem Gebiete der Monarchie durch Vollbahnen nicht verbunden; es bestehen nur die normalspurigen Strecken Sebenico—Spalato und Sebenico—Knin.

Die Schmalspurbahn Metković, Mostar etc. verbindet die Küste mit dem bosnischen Binnengebiete (und durch dieses mit dem Save-lande). Projecte: Ogulin, Udbina, Gračac, Knin. — Bugojno, Livno, Spalato.

3. Straßen und Wege.

Es bestehen in Croatien: a) Staatsstraßen, 5—7 m breit, bis 6% Steigung; b) Bezirksstraßen, 5—7 m breit, bis 6% Steigung; c) Gemeindestraßen; d) Saumwege, Fußsteige. In Dalmatien: a) Staatsstraßen, mindestens 4·5—5 m breit, Steigungen $\frac{1}{20}$—$\frac{1}{10}$, Ichausseemäßig; b) Concurrenzstraßen, 4—6 m breit, Steigungen $\frac{1}{14}$ chausseemäßig; c) Gemeindestraßen, sollen 4 m breit sein; d) Dorf-straßen für landesübliches Fuhrwerk benützbar; e) Reitwege, Saum-wege, Fußsteige.

Die Straßen sind zumeist sehr gut und jederzeit benützbar; die vorkommenden Steilen machen Vorspann häufig erforderlich, die Naturwege sind gewöhnlich schlecht und bloß für Karren oder Tragthiere geeignet. Im Karstterrain und Gestrüpp ist eine Benützung der Saumwege ohne Führer häufig unmöglich. Fußsteige sind selten.

Betreffs Reichhaltigkeit und des Zuges der Com-municationen wäre hervorzuheben:

α) Längs der Küste führt keine durchlaufende Straße.

β) Im Landesinnern führen parallel zur Küste 2 Straßen, die jedoch in der Strecke Sinj — südlich Trilj ein gemeinsames Straßen stück besitzen.

γ) Diese Straßenzüge stehen untereinander in Hochcroatien (von Fiume, Porto Rè, Novi, Zengg, Jablanac, Carlopago nach Karlstadt führend), dann im Raume Sebenico—Knin, Spalato—Sinj, Makarska—Imoski in straßenmäßiger Verbindung; Karlstadt, dann Benkovac, Knin, Drniš und Sinj fallen als Knotenpunkte auf.

δ) Hochcroatien ist mit Dalmatien über die Sättel südlich Sveti Rok (1045 m) und von Popina ml. (ca. 600 m) durch Straßen ver-bunden.

ε) Als durchlaufende Straßenverbindungen aus Dalmatien in das Innere des Occupationsgebietes bestehen dermalen nur die Linien Sinj,

Livno, Bugojno und jene im unteren Narenta-Thale nach Mostar; im langsamen Ausbaue sind die Linien Imoski, Županiac und Imoski, Kls. Široki breg, Mostar.

4. Schiffahrt.

Die Seeschiffahrt findet in der Adria keine besonderen Schwierigkeiten, erfordert jedoch in den Canälen Vorsicht und Localkenntnis. Große Schiffe (7—9 m Tiefgang) können mit Ausnahme einzelner Passagen alle Canäle benützen; auch haben fast alle bedeutenderen Hafenplätze genügende Tiefe für Schiffe größerer Gattung.

Die auf der Adria gebräuchlichen Schiffe theilen sich in kleine Küstenfahrer (befahren die Adria), große Küstenfahrer (befahren das Mittelländische, Schwarze und Rothe Meer), endlich in Schiffe weiter Fahrt.

Die Narenta befahren bis Metković kleinere Dampfer des österr. Lloyd.

Unterkunftsverhältnisse.

Die einzelnen Gebäude werden im Küstengebiete sehr häufig nach der italienischen Bauart hergestellt, sind meist schlecht erhaltene Steinbauten, mit einem oder mehreren Stockwerken und Ziegeldache; im Erdgeschosse befinden sich meist nur die Wirtschafts- und Stallräume. Im Innern von Hochcroatien kommen auch elende Holzhäuser vor.

Im Innern Dalmatiens sind die Häuser aus Bruchstein aufgeführt mit Steinplatten gedeckt, oft so elend und schmutzig, dass sie kaum zum Belage geeignet sind. Schlechte und sehr wenige Stallungen.

Die Orte haben (mit Ausnahme weniger größerer Küstenstädte) schmutzige Gassen, oft so eng, dass Wägen nicht verkehren können. Vielfach finden sich Reste alter Umfassungsmauern oder von Castellen.

Im allgemeinen sind die Ortschaften dieses Gebietes für die Cantonierung sehr wenig geeignet.

Bedeutendere Orte: Spalato 16.000, Zara 12.000, Sebenico 7000, Karlstadt 6000, Lissa 4800, Ogulin 4200, Traù 3400 Einw.

Statistische Angaben.

Bevölkerung.

Dieses Gebiet ist relativ wenig bevölkert; die Bevölkerungsdichte beträgt 20—40 Einwohner per km^2.

3

Der Nationalität nach besteht die Bevölkerung zum größten Theile (90 %) aus Serbo-Croaten; an der Küste finden sich Italiener.

Die Slaven bekennen sich der überwiegenden Mehrheit nach (80 %) zur römisch-katholischen, der Rest zur griechisch-orientalischen Religion. Die Italiener sind durchwegs katholisch.

Ressourcen.

Haupterwerbszweige der Bevölkerung sind Bodencultur, Viehzucht und Fischerei.

Die Bodencultur kämpft infolge der Bodenplastik und der weitgehenden Verkarstung mit großen Schwierigkeiten; Ackerbau ist daher nur in den Becken und Niederungen möglich und kann den Bedarf des Landes nicht decken. Längs der Küste hat sich eine intensivere Cultur entwickelt.

Von Getreide wird vornehmlich Mais und Gerste gebaut. In den Küstenorten, dann in Karlstadt befinden sich leistungsfähigere Dampf- oder Kunstmühlen und größere Mehlspeisfabriken (Sebenico, Spalato, Zara).

Der Stand an Nutzthieren ist nicht unbedeutend, doch ist infolge Vernachlässigung die Qualität eine mindere. Es kommen im Durchschnitte auf 1 km^2: 2 Pferde, 2 Maulthiere oder Esel, 11 Stück Rindvieh, dann 50 Schafe und Ziegen. Die Fischerei wird in großem Umfange betrieben.

Hartfutter ist wenig zu finden (überdies nur Gerste). Heu wird — die Karstflächen ausgenommen — in ausreichender Menge, aber meist von minderer Qualität gewonnen.

Dalmatien ist arm an Wäldern (17 % des Bodens sind bewaldet), dagegen enthält Hochcroatien noch ausgedehnte Waldungen. Brennholz wird somit in Dalmatien bei größerem Bedarfe nachgeschoben werden müssen. Braunkohle wird bei Siverić und Scardona gewonnen.

Trinkwasser mangelt in den Karstgegenden. Während der nassen Jahreszeit enthalten zwar die Bäche und Tümpel Wasser, auch finden sich dann viele Quellen. Zur Zeit der Dürre trocknen erstere aus, letztere versiegen bis auf wenige beständige Quellen. Das Niederschlagwasser wird in Cisternen gesammelt, welche meist primitiv construiert sind, auch dem gewöhnlichen Bedarfe nicht genügen. In Croatien geschieht in letzterer Zeit viel, um dem Trinkwassermangel abzuhelfen. Wein ist in Dalmatien in großen Mengen erlangbar und von sehr guter Qualität. Brantwein wird allerorts von der Bevölkerung in ziemlicher Menge produciert.

IV.

Das hercegovinische Terrassenland.

Bodengestaltung.

a) Gliederung.

Das hercegovinische Terrassenland breitet sich zwischen der Narenta und der Linie Gacko, Bilek, Grab, Sutorina aus; es enthält im Nordosten, zwischen dem Oberlaufe der Narenta und der Beckenreihe Mostar, Hatelji, Korito, eine 20—30 km breite Alpengebirgszone, welche am Čemerno-Sattel (1329 m) mit dem bosnischen centralen Höhenzuge (Volujak-Gruppe) zusammenhängt. Das Alpengebirge setzt gegen Südwesten — zur Küste — in verkarsteten Stufen mit Plateau- und Hochlands-Charakter ab.

b) Das Alpengebirge.

Das Alpengebirge beginnt am Narenta-Knie mit dem mächtigen, stark verkarsteten Alpenstocke der Prenj pl. (2102 m), setzt sich südlich der oberen Narenta in der wild zerklüfteten Crvani plan. (1921 m) und über die nur 1300 m hohe, große Alpenweiden tragende Morinje zu der stark bewaldeten Živanj plan. (1695 m) fort. Nach Süden zweigen die felsige Velež plan. (1969 m) gegen Mostar und Nevesinje, dann die Bielašica plan. (1867 m) gegen Korito ab. Sämmtliche Gebirgstheile setzen mit sehr steilen Abfällen ab. Mit Ausnahme der Felsgipfel und Grate sind die breiten Obertheile, dann die N.- und NO.-Hänge mit Hochwald bestanden; große Strecken sind mit Alpenweiden bedeckt.

Zwischen diesen Gebirgszügen liegen die zwei geräumigen Becken Nevesinsko und Gacko polje, 850—950 m hoch, mit theilweise cultivierten Sohlen, welche im Winterhalbjahr stellenweise überschwemmt werden und mit steilen, verkarsteten Beckenrändern. Im Gacko polje finden Entwässerungsarbeiten statt (Erfolg versprechend).

c) Das Stufenland.

Das Stufenland lässt von NO. gegen SW. vier Terrassen erkennen, welche durch Tiefenlinien von einander getrennt sind. Diese Terrassen werden gegen SO. höher und tragen dort südöstlich streichende Rücken; im nordwestlichen Theile besitzen die Terrassen mehr den Hochlandscharakter; die Thäler sind dort enge, mitunter schluchtartig.

Die oberste Stufe beginnt unmittelbar an den Abfällen der Velež und Bielašica plan., reicht bis zur Linie Buna, Hatelji, Fatnica, Bilek und ist 800—1000 m hoch; sie trägt vereinzelte Mittelgebirgsrücken, gegen SO. treten Plateauformen auf.

Die zweite Stufe reicht bis zur Linie Bregava, Stolac, Ljubinje, Ugarci, ist 700—1000 m hoch, vielfach von steil geformten Rücken durchzogen.

Die dritte Stufe erstreckt sich bis zum Thale der unteren Trebinjčica und hat eine mittlere Höhe von 600—800 m; nächst der Narenta gleicht sie einem niedrigen Berglande, nimmt aber gegen SO. rasch an Höhe zu (Kuppen bis 1400 m).

Die vierte Stufe endet an der Küste; sie hat eine durchschnittliche Höhe von 400—700 m und zeigt im NW. Mittelgebirgs-, sonst Plateau-Charakter.

Zwischen den einzelnen Stufen sind gegen SO. streichende Beckenreihen eingelagert; die bemerkenswertesten sind: das Becken von Hatelji (Dabar polje) und Fatnica, ca. 500 m hoch, im Winterhalbjahr theilweise überschwemmt, sonst vielfach gut bebaut; steile, felsige Beckenränder.

Das Becken von Korito, ca. 850 m hoch, Sohle mit Hutweide und Gesträpp bedeckt, steril und wasserarm; die Beckenränder bestehen im S. und W. aus Berg- und Hügelland, sonst aus kahlen Felsen.

Das Becken von Bilek, ca. 450 m hoch, meist steinige, bebuschte Hutweide und ziemlich steile, vielfach kahle Beckenränder; Wassermangel im Sommer.

Das Becken von Ljubinje, Beckensohle ca. 450 m hoch, ein Drittel bebaut, sonst Hutweide (steinig), im Winterhalbjahr sind große Strecken überschwemmt, im Hochsommer aber trocken, wasserarm; die Ränder sind steil, bebuscht oder bewaldet.

Das L j u b o m i r-Becken (Ugarci), Sohle ca. 550 m hoch, zum kleineren Theile bebaut, im übrigen Hutweide, während der Regenzeit überschwemmt, sonst gut gangbar; die Ränder sind steil, im Osten mit Gestrüpp, im Westen mit Wald bedeckt, stark verkarstet.

Das Becken von G r a b, Sohle ca. 650 m hoch, vorwiegend mit mageren, steinigen Hutweiden und Gestrüpp bedeckt, nur spärlich bebaut, im. Hochsommer herrscht Wassermangel; die Ränder sind im NW. niedrig, sonst hoch, steil, kahl, nur stellenweise mit Gestrüpp bedeckt.

Bodenbedeckung.

Ein großer Theil des Karstgebietes (60 %) ist entweder steril oder nur mit magerer Hutweide bedeckt, 10 % entfallen auf die fruchtbaren Becken, 30 % auf Wald und Gebüsch.

Die F e l d c u l t u r ist größtentheils auf die außer den Weichlandsgebieten liegenden Humusflächen der Becken, sowie auf die Sohlen der Dolinen und Karstlöcher beschränkt; die periodisch überschwemmten Theile der Beckensohlen tragen meist Wiesen, seltener dienen sie zum Feldbaue. Am Rande der Felder werden die Klaubsteine in Haufen oder als trockene Mauern geschlichtet; nur in den größeren Becken treten Flechtzäune an ihre Stelle. Die Feldcultur bezeichnet daher keineswegs immer gut gangbare Räume.

Die K a r s t w e i d e besteht aus langhalmigen Grasbüscheln, welche zwischen den Steinen hervorschießen; dieselben sind mit niedrigem Gestrüppe untermischt. Die Karstweiden sind meist schwer gangbar und gehen oft allmählich in schütteres, niedriges Gebüsch über.

Das Verhältnis der W a l d- z u r G e b ü s c h-Bedeckung stellt sich im allgemeinen wie 1:1 dar. Im nordöstlichen Theile herrscht Wald, im südwestlichen Theile Gebüsch vor.

N i e d e r w a l d bildet den größeren Theil des vorkommenden Waldes; er enthält 3—4 m hohe, schütter stehende Laubbäume, untermischt mit dichtem Dorngestrüpp. H o c h w a l d kommt nur in den weniger zugänglichen Gegenden, namentlich am niederschlagreichen Nordhange der Alpengebirgszüge vor; der Boden des Hochwaldes ist oft stark verkarstet. Das G e b ü s c h besteht aus schütterem Laubholze und ist dem Niederwalde ähnlich, nur niedriger. Das G e s t r ü p p ist meist dornig, sehr dicht und außerordentlich schwer zu passieren.

An der Küste und zunächst der Wohnstätten ist die E n t w a l d u n g am stärksten vorgeschritten. Durch die Handhabung der Waldgesetze, sowie durch die Einschränkung der Weidefreiheit beginnt jedoch die Waldcultur in der Hercegovina sich zu heben.

Die Weinreben werden in der Hercegovina ohne Stöcke, am Boden liegend gezogen; Weinculturen bilden daher, soferne sie nicht mit Steinmauern umgeben oder terrassiert sind, nur ein geringes Hindernis.

Gewässer.

a) **Narenta (Neretva)**. Das Bett ist abwärts Metković reguliert. Der Grund ist bis Počitelj felsig, stellenweise schotterig; abwärts sandig und schlammig. Die Ufer sind felsig, hoch und steil, nur im untersten Laufe flach und sumpfig. Wassermasse bis Počitelj $\frac{15-100}{0 \cdot 6-19}$ 2—3, dann $\frac{100-120}{3-16}$ 2—3 (abwärts Metković träge Geschwindigkeit). Abwärts Fort Opus wurde das neue Bett mit einer Durchschnittstiefe von 5 m hergestellt; dasselbe versandet sehr stark, bedarf steter Baggerungen.

Hochwässer treten im Frühjahre und im Herbste auf, steigen rapid und bedeutend (Mostar $+$ 5 m), doch kommen Überschwemmungen nur in der Tiefebene abwärts Počitelj vor. Die Narenta friert nie ganz ein.

Furten sind äußerst selten, nur bei Niederwasser benützbar.

Überfuhren für 1—2 Fuhrwerke, 4—6 Pferde oder 20—30 M. bei Zitomišlić, Čapljina, Torre di Norino.

Brücken: Presjedovac, Ulog, Glavatičevo (alle aus Holz), Ostrožac (Eisen), Konjica (Stein), Rama-Mündung (Eisen), Jablanica und Grabovica (Bahnbrücken, in Grabovica weiters Straßenbrücke aus Eisen), Mostar (1 eiserne, 1 steinerne nicht für Wagenverkehr benützbar), Metković (eiserne).

Für einen Brückenschlag sind die Ufer- und Grundverhältnisse, sowie die Geschwindigkeit im allgemeinen ungünstig; bei Hochwasser ist ein Brückenschlag unmöglich.

Schiffbar ist die Narenta von Metković an, jedoch nur für mittelgroße Dampfer.

Das Wasser abwärts Počitelj ist ungesund.

Das Thal. Bis nördlich Mostar ist das Thal eng, häufig schluchtartig; die steilen, vielfach felsigen Thalhänge sind theilweise bewaldet. Von nördlich Mostar an folgen 3 durch Thalengen getrennte Becken mit hohen, steilen, kahlen Rändern. Von Buna bis Počitelj ist das Thal wieder enge, von felsigen Hängen gebildet.

Abwärts Počitelj tritt die Narenta in die Tiefebene (2—4 m absolute Höhe). Sie bildet mit Ausnahme einzelner nächst des Flusses und der Ortschaften gelegener cultivierter Strecken eine mit Rohrwuchs bedeckte Sumpflandschaft mit vielen Tümpeln und Seen (abwärts Fort Opus Brackwasser). — Die Ebene wird nur im Hochsommer theilweise trocken; im Frühjahre und Herbste treten Ueberschwemmungen ein, welche beinahe die ganze Landschaft bis an die Bergfüße in einen großen See verwandeln.

Bregava (Narenta-Zufluss), $\frac{40-50}{0\cdot6-1\cdot5}$. Brücken in Stolac (3), bei Klepci (1 eiserne und 1 nicht fahrbare steinerne). Das Wasser ist ungesund. Das Thal ist eine tiefe (bis Stolac 400—1000, dann 100 bis 200 m), enge und schroffe Thalschlucht. Bei Stolac befindet sich eine gut cultivierte Thalweitung (3 km lang, etwa 1 km breit).

b) **Zalomska**. Grund schotterig, felsig; Ufer im Oberlauf niedrig, sonst hoch, steil und felsig. $\frac{20-30}{0\cdot5-2}$. Im Sommer trocknet die Zalomska mit Ausnahme einer Strecke unterhalb Fojnica ganz aus. Hochwässer kommen bei anhaltendem Regen vor und bewirken an den „Ponori" (Schlundfluss) Ueberschwemmungen. Brücken: Bei Fojnica und östlich Zalom (hölzerne), westlich Zalom (steinerne, nicht fahrbar), Odžak (eiserne Straßenbrücke). Das Thal. Ober- und unterhalb des Beckens von Nevesinje ist das Thal schluchtartig, im Becken selbst tief eingeschnitten. Die Thalwände sind hoch, steil, meist felsig.

c) **Mušica**, $\frac{4-40}{1-2}$. Niederwasser im Hochsommer, der Bach trocknet aus. Hochwässer im Frühjahre und Herbste (+ 3 m) überschwemmen das Gacko polje. Regulierung (Thalsperre im obersten Laufe, Schleuse bei Avtovac, Regelung der Ponori) nahezu beendet, dient zur Bewässerung und Entwässerung des Gacko polje.

d) **Trebinjčica**. Grund meist felsig, wenige sandige Stellen. Die Ufer sind bei Trebinje und im Popovo polje brüchig, sonst felsig und hoch. Wassermasse $\frac{50-75}{1-5}$ 0·1—0·5. Bei Niederwasser führt die Trebinjčica nur bis Dražindo Wasser, in der Šuma kommen dann nur Tümpel vor, im Popovo polje ist das Bett ganz trocken. Hochwässer treten nach jedem andauernden Regen, besonders im Frühjahre und im Herbste, ein und überschwemmen die Ebene von Trebinje und das Popovo polje; in ersterer fließen die Hochwässer zeitlich ab, das Popovo polje ist erst Mitte Juni gangbar. Eisdecke bildet

sich nur selten. Furten sind zahlreich, jedoch nur bei Niederwasser
für Ortskundige benützbar. Als Überfuhren dienen meist primitive
kleine Fahrzeuge. Brücken: Arslanagič most (steinerne, nicht fahrbar),
Trebinje (eiserne), Dražindo (Holzbrücke auf Steinpfeilern).

Das Thal. Bis Trebinje wechseln Schluchtdefiléen und kleine
Thalweitungen ab, die Thalwände sind hoch, steil, felsig. Nächst Trebinje breitet sich eine gut cultivierte Ebene aus. Die westliche Fortsetzung (Šuma, nächst der Ragusaner Straße) ist mit Steinblöcken
bedeckt und mit dichtem Gesträpp bewachsen. Das Popovo polje ist
etwa 30 km lang, 1—3 km breit und gut cultiviert. Es wird jährlich
vom October bis Mai überschwemmt (Wasserhöhe bei Ravno bis 20 m),
im Hochsommer dagegen herrscht Wassermangel. Die Thalhänge sind
abwärts Trebinje beiderseits steil und meist kahl.

e) **Ombla** (Abfluss der Trebinjčica), 300—450 m breit, auch für
größere Seeschiffe schiffbar; nicht überbrückt. Das Wasser ist nur am
Ursprunge trinkbar, sonst brakig.

Klimatische und sanitäre Verhältnisse.

Die an der Küste gelegenen Landschaften haben mildes See-
klima. Die niederen Theile des Narenta-Thales, sowie das Trebinjčica-
Thal besitzen ein sehr heißes, alle anderen höher gelegenen
Partien ein continentales Klima.

Das Klima des Alpengebietes ist sehr rauh; der Winter
ist strenge und schneereich, im Sommer herrscht nur während der
Tagesstunden Hitze. Das Stufenland hat nur auf den Hochflächen
einen ziemlich strengen Winter, in den Becken ist derselbe — bis
auf die plötzlich eintretenden, kurz andauernden Fröste — milde; der
Sommer bringt große trockene Hitze.

Die Temperaturschwankungen sind am Küstensaume am
geringsten (Temperaturstürze nur durch die Bora). Im übrigen Theile
ergeben sich aber häufig im Verlaufe eines Tages sehr verschiedene
Temperaturen (z. B. Mostar bis 13° C.).

Die Niederschläge sind im Stufenlande und an der Adria
im Sommer sehr gering, die Dürre hält oft 3 Monate und länger an.
An der Küste fällt der Regen fast ausschließlich in den Monaten
November, December und März; landeinwärts kommen Regen schon
im October und noch im April vor. Schneefälle kommen normal bei
einer absoluten Höhe von 500 m auch bis Mitte Mai vor. Besonders

heftige Schneestürme wehen auf den Alpenplateaux (daher die in der Hercegovina bestehende Markierung der Verbindungswege zwischen den einzelnen Posten durch Schneestangen und Steinpyramiden, welch letztere auch im Sommer willkommene Orientierungszeichen bilden).

Nebel treten· im Frühjahre und Herbste, besonders morgens, in den Flussthälern auf.

Herrschende Winde: Siehe Seite 30.

Die sanitären Verhältnisse sind im Hochlande im Juli und August am ungünstigsten; die wenigsten Erkrankungen weisen die Monate September bis November auf.

Die häufigsten Krankheiten sind acute Rheumatismen, Bronchial-, Magen- und Darm-Katarrhe (endemisch in den tieferen Gebieten die sogenannte „Hundskrankheit", ein Magendarmkatarrh mit hohem Fieber). Wechselfieber tritt in eng begrenzten Gebieten auf (ungesunde Ausdünstung und schlechtes Trinkwasser größerer Sumpfgebiete). Besonders bösartig sind die Fieber an der unteren Narenta. Typhus tritt häufig in Trebinje, Stolac, Ulog-Obrnja und Gacko (Avtovac) auf.

Verkehrsmittel.

I. Transportmittel.

Fuhrwerke sind im ganzen Gebiete nur in geringer Zahl vorhanden; sie sind ganz primitiv aus Holz gebaut und werden mit Ochsen bespannt. In jüngster Zeit kommen leichte, mit Eisen beschlagene Fuhrwerke langsam in Anwendung.

Das eigentliche landesübliche Transportmittel ist das Pferd (in Süddalmatien Maulthier und Esel), kleinen schwächeren Schlages, doch sehr ausdauernd und genügsam. Pferd und Maulthier tragen 100—150 kg, der Esel etwa 70 kg.

2. Eisenbahnen.

Die Linie Metković, Mostar, Sarajevo ist eingeleisig, schmalspurig (Spurweite 0·76 m). Sie führt bis Konjica im Narenta-Thale und übersetzt den bosnisch-hercegovinischen Alpenzug auf dem Ivan-Sattel (967 m). Metković ist an dem canalisierten Unterlaufe der Narenta 20 km von der offenen See entfernt gelegen; in die Narenta können nur leichte Lloyddampfer (500 M.) einfahren; der nächste für große Schiffe geeignete Hafen ist Neum, welches durch eine Straße mit Metković verbunden ist.

Im Bau befindlich die schmalspurige Linie: Gabela (nächst Metković), Trebinjčica-Thal, Castelnuovo mit Flügeln nach Trebinje und Ragusa-Gravosa.

3. Straßen und Wege.

Betreffs Dalmatien siehe Seite 32.

In Bosnien-Hercegovina: *a*) Landeshauptstraßen und *b*) Bezirksstraßen, erstere 5 *m*, letztere 3·5—4 *m* breit, beide chausseemäßig angelegt; *c*) Reitwege, 2·5 *m* breit, leicht fahrbar herzustellen; sämmtliche (*a*, *b*, *c*) von der Landesregierung erbaut und erhalten.

Fahrwege finden sich nur in den größeren Niederungen.

Erhaltene Saumwege sind gut angelegt, mit leichtem Grundbaue versehen, geschottert, 1·5—3 *m* breit, bei jeder Jahreszeit benützbar und mitunter leicht fahrbar zu machen.

Die gewöhnlichen Saumwege bilden im ganzen Raume ein dichtes Netz. Sie sind in der Regel weder richtig angelegt, noch erhalten. Die Strecken, die durch größere Becken führen, sind in der trockenen Jahreszeit gewöhnlich sehr gut, die im Karstterrain liegenden Theile dagegen meist sehr beschwerlich. Im letzteren Falle lässt sich die Trace meist nur durch die gelbliche Färbung des Gesteins erkennen und verschwindet oft ganz. Die Orientierung wird außerdem durch zahlreiche Wegabzweigungen erschwert; dasselbe tritt ein, wenn der Weg durch Gestrüpp führt; Führer sind nöthig.

Fußsteige findet man nur in den hochgelegenen schroffen Theilen.

Über die Richtung der besseren Communicationen wäre hervorzuheben:

a) Längs der montenegrinischen Grenze führt eine Straße von Ragusa nach Trebinje (oder von Gruda bis Grab Straße, dann erhaltener Fahrweg), weiter über Bilek nach Avtovac.

b) Parallel hiezu die Straße Neum, Mostar, Konjica, dermalen die einzige straßenmäßige Verbindung mit Sarajevo.

c) Die genannten Linien sind durch die Mediterranstraße Neum, Ragusa, Le Catene (Project für die Fortsetzung bis Cattaro), dann durch die Straße Domanović, Stolac, Plana, endlich die Straße Mostar, Nevesinje, Avtovac in Verbindung gesetzt.

d) Letztere Linien sind durch die Straße Nevesinje-Dabarpolje verbunden. Von Stolac führt eine Straße über Ljubinje bis in das Popovo polje (Fortsetzung bis Slano projectiert).

e) Von Ljubinje führt je ein erhaltener Saumweg nach Mosko und nach Trebinje.

f) Der Saumweg Kifinoselo, Ulog, Kalinovik (bis Ulog sehr gut, dann ziemlich gut erhalten) bildet die kürzeste Verbindung mit den nach Sarajevo und Foča führenden fahrbaren Linien.

g) Die Verbindung Gacko, Čermerno-Sattel, Foča ist durch einen sehr gut erhaltenen Reitweg gebildet.

h) Im Bau befindliche Straßen: Ljubinje, Ugarci, Trebinje und durch das Popovo polje nach Trebinje.

Unterkunftsverhältnisse.

Betreffs Dalmatien siehe Seite 33.

In der Hercegovina bilden die Dorfgemeinden, welche zumeist in den Poljen, Dolinen und theilweise auch an den Berghängen zu finden sind, weit zerstreute Gebäudegruppen.

Die Städte bestehen aus dem Handelsviertel (Caršija), um welches sich die von Gärten umgebenen Wohnhäuser gruppieren; die Städte erhalten hiedurch eine große Ausdehnung (in Trebinje, Mostar, Bilek, Nevesinje finden sich schon moderne Neubauten).

Das einzelne Wohnhaus ist je nach der Religion des Besitzers verschieden. Das Wohnhaus des·Mohamedaners besteht aus einem aus Bruchstein aufgeführten Erdgeschosse (Stall und Vorrathskammer), auf welchem ein aus Stein oder Holz erbautes Stockwerk aufgesetzt ist. Dasselbe enthält die Wohnräume (getrennt für Männer und Frauen). Das Wohnhaus des Christen ist aus Bruchstein, gewöhnlich ebenerdig, mit 1—2 Räumen und einem angebauten Stalle. In den höheren Gebieten haben die Wohnhäuser nur einen einzigen Raum, der von Menschen und Thieren gemeinschaftlich benützt wird. Diese Häuser liegen gewöhnlich in den Karsttrichtern und Dolinen. Als Bedachung dienen für alle Häuser Steinplatten, seltener Schindeln und Stroh. Die Stallungen sind niedrig und verjaucht. Die Straßenwirtshäuser (Hans) können bis 100 Mann und 30 Pferde aufnehmen.

Die Unterkunftsverhältnisse sind ungünstig, die meisten Häuser eignen sich nicht für Cantonierungen.

Größere Orte: Mostar 14.400, Ragusa 6500, Stolac 3700, Nevesinje 1800, Konjica 1700, Metković 1500, Trebinje 1300, Ljubinje 1150, Gacko 950, Bilek 600 Einwohner.

Statistische Angaben.

Bevölkerung.

Die Bewohner gehören (mit Ausnahme weniger Italiener in den Küstenorten) den Südslaven (mit serbisch-croatischer Sprache) an. Die Bevölkerungsdichte beträgt im Becken von Ljubuški und in der Küstenzone südlich Neum 60—40, in den Bezirken Mostar, Stolac, Trebinje 40—20, sonst unter 20 Einwohner auf 1 km^2.

Die Katholiken wohnen in den Bezirken Mostar, Stolac, Ljubinje und im südlichsten Dalmatien. Die Griechisch-Orientalen (Serben) bewohnen die größeren Orte und überwiegen in den Bezirken Gacko, Nevesinje, Bilek, Trebinje. Die Mohamedaner sind über das ganze hercegovinische Gebiet vertheilt.

Ressourcen.

Die Ressourcen des Landes sind äußerst ärmlich. Die kahlen Berge bieten gar nichts, die bewohnten Niederungen bloß Schlachtvieh und wenig Mais. Am fühlbarsten ist der auftretende Mangel an Wasser und theilweise auch an Brennholz.

Von Feldfrüchten werden Mais und Gerste vorherrschend gebaut. Die einheimischen Mühlen sind höchst primitiv (Kunstmühlen bei Castelnuovo, in Nevesinje und in Ragusa, hier auch Mehlspeisfabrik). Privat-Bäckereien finden sich in den größeren Orten; wichtiger sind die sehr leistungsfähigen Militär-Bäckereien in den größeren Garnisonen.

Die Rindviehzucht steht auf einer sehr niederen Stufe, hebt sich aber im allgemeinen. Das vorkommende Rindvieh ist klein, verkümmert. Schafe und Ziegen gibt es in großer Zahl und in guter Qualität. Im Sommer wird das Vieh an den einzelnen ergiebigen Wasserstellen in bedeutenden Mengen meist auf den großen Alpenweiden (Morinje, Bjelašica etc.) vereint.

Es herrscht fast im ganzen Raume, namentlich im Sommer, Mangel an gesundem Trinkwasser. Quellen finden sich während der nassen Jahreszeit häufig. Zur Zeit der Sommerdürre aber trocknen nicht nur die Bäche aus, sondern es versiegen auch die meisten Quellen. Cisternen (aus Stein gebaute Sammelbecken zum Auffangen des Regenwassers) sind die häufigsten Wasserbezugsstellen; die älteren sind gewöhnlich primitiv erbaut; in neuerer Zeit werden von der Regierung an den Hauptcommunicationen und den größeren Weideplätzen viele Cisternen erbaut.

In der Hercegovina ist der W e i n b a u im Narentathale (abwärts Mostar) von großer Bedeutung.

H a f e r wird nur sehr wenig gebaut; das einheimische Pferd lebt zumeist von der Weide oder von Gerste. H e u ist in Dalmatien selten; die Hercegovina produciert genügende Quantitäten.

T a b a k b a u (sehr gute Qualität) wird in den wärmeren Strichen der Hercegovina (Mostar, Stolac, Trebinje) sehr intensiv betrieben.

Der nördliche Theil der Hercegovina hat viel, der übrige Raum w e n i g H o c h w a l d, in den meisten Gegenden kommen Jungwald-(Gestrüpp-) Parcellen vor.

Befestigungen.

Die ä l t e r e n aus der Türkenzeit stammenden Befestigungen haben keine militärische Bedeutung. Sie sind entweder verfallene Castelle oder Karaulen (Kula, Wachhaus) für 6—40 Mann Infanterie. Einzelne der besser erhaltenen Karaulen wurden in die neueren Befestigungs-anlagen einbezogen oder dienen als Unterkunft für Gendarmerie-Posten.

Die n e u e r e n Befestigungen (seit 1878 gebaut) sind mit Rück-sicht auf die Schwierigkeit, in diesem Terrain schweres Feld- oder Belagerungsgeschütz fortzubringen, weiter wegen Mangel an Erdreich, meist aus ungedecktem Mauerwerk hergestellt (nach Art von Defen-sionskasernen).

Die U n t e r k ü n f t e der Truppen wurden in Anbetracht der herrschenden Verhältnisse gleichfalls als Defensionskasernen gebaut.

Unterkünfte und Befestigungen sind daher im Principe dasselbe, nur dominiert bei ersteren die Rücksicht auf die Wohnlichkeit, bei letzteren die Vorsorge für die Widerstandsfähigkeit. Hiernach unter-scheidet man v e r t h e i d i g u n g s f ä h i g e U n t e r k ü n f t e (De-fensionslager, Defensionskasernen), ferner bei den Befestigungen je nach der Widerstandskraft — besonders je nachdem ob Vertheidigungsgeschütze vorhanden sind oder nicht — W e r k e (Forts) oder W a c h h ä u s e r.

Die größeren Militär-Etablissements mussten aus verschiedenen Gründen gewöhnlich auf den Thal- und Beckensohlen erbaut werden. Wenn man sie auch als „vertheidigungsfähige Unterkunft" herstellte, also gegen einen Handstreich sicherte, so war es doch nöthig — um sie nicht dem Geschützfeuer auszusetzen und sich die Manövrier-freiheit zu wahren — die umliegenden Höhen mit „Wachhäusern" und „Werken" zu besetzen. Dadurch entstanden b e f e s t i g t e P l ä t z e, welche für die dortigen Verhältnisse die Dienste einer Lagerfestung leisten.

V

Montenegro.

Bodengestaltung.

a) Gliederung.

Montenegro wird größtentheils von einem rauhen Karstgebirge erfüllt. Die Depression Gacko, Duga, Zeta theilt das Gebiet in zwei orographisch verschiedene Abschnitte.

Der östliche Abschnitt — die Brda — im Osten bis zur Tara und zum Lim-Oberlaufe reichend, bildet die Fortsetzung des centralen bosnischen Höhenzuges; er ist meist über 1500 m hoch, theilweise mäßig verkarstet und enthält ausgedehnte Alpengebirgsstöcke und Hochgebirgsrücken; in demselben finden sich große Alpenweiden und Hochwälder.

Der westliche Abschnitt — die Crnagora — die Fortsetzung des hercegovinischen Stufenlandes darstellend, ist ein von Nord nach Süd abstufendes, 500—1000 m hohes Karstplateau, welches im Westen seinen Abschluss durch das dalmatinisch-montenegrinische Grenzgebirge findet; letzteres setzt sich (vom Pass Sutorman an) — als Rumija — bis zur Bojana fort.

b) Die Brda.

Die Brda beginnt im äußersten NW. mit der Volujak - Gruppe, welche im nördlichen Theile einen mächtigen Hochgebirgsstock (Maglić 2387 m) enthält; die Obertheile bestehen aus riesigen Felskämmen, die auf ca. 1700 m hohen Alpen-Plateaux aufsitzen; letztere zeigen schroffe Abstürze zu den Thälern. Der südliche Theil der Volujak-Gruppe bis zur Duga-Furche ist ein stark gewelltes Plateau (1700 m, Gipfel bis 2000 m); den gleichen Charakter zeigt die Fortsetzung bis zur Morača (Plateau-Landschaft Vojnik - Maganik).

Zwischen den Unterläufen der Piva und Tara ist das Hochgebirgsmassiv des D u r m i t o r (2528 *m*) eingelagert. Es besteht aus mehreren schroffen, stark zerklüfteten Graten, welche fast immer mit Schnee bedeckt sind; außerordentlich tiefe, steilwandige Karstthäler und größere Dolinen sind charakteristisch. Der Boden ist an den Obertheilen zumeist stark verkarstet und trägt sonst ausgedehnte Wälder und Hutweiden.

Östlich des Durmitor erstreckt sich das ausgedehnte Alpen-Plateau der S i n j a v i n a p l a n. (1500—1800 *m*, aufgesetzte Hochgebirgs Rücken), ferner zwischen Tara und Lim die ähnlich geartete Landschaft der B j e l a s t i c a p l a n., welche im Süden mit dem Hochgebirge des K o m (2488 *m*) zusammenhängt.

c) Die Crnagora.

Der nördlich der Linie Nikšić-Sušica-Mündung gelegene Theil — R u d i n e - B a n j a n i — ist 1000 *m* hoch und trägt am W.-, N.- und NO.-Rande Erhebungen (relativ nicht über 400 *m* hoch). Die Einförmigkeit des Geländes erschwert die Orientierung. Die Verkarstung ist im allgemeinen stark, Gestrüpp und Gebüsch vorherrschend. Etwas Cultur weisen die Dolinen-Sohlen und die Becken auf.

Die westlich der Linie Sušica, Drgalj sich ausbreitende O r j e n - Gruppe (1895 *m*) hat zur Basis ein 600—700 *m* hohes Plateau, das nach allen Seiten schroff abfällt. Auf dem Plateau sind schmale, steile, felsige, bis 1800 *m* hohe Gebirgsrücken aufgesetzt. Der Boden ist durchwegs stark verkarstet. Die Bodenbedeckung besteht auf den höheren Partien des Plateaus aus dichtem Hochwalde; die niederen Erhebungen tragen steinige Hutweiden und Gebüsch. Der Abfall zur Küste, dann die höchsten Kämme und Gipfel sind kahl.

Der übrige T h e i l d e r C r n a g o r a ist bis zu 800 *m* hoch, senkt sich gegen SO., erreicht östlich Cattaro wieder eine Höhe von rund 1000 *m*, um dann abermals gegen SO. an Höhe abzunehmen. Die Abfälle des Plateaus sind allseits sehr steil, felsig. Die Ränder werden meist von relativ 300—500 *m* hohen Rücken gekrönt; gegen die Župa und die Küste ist das Plateau durch einen hohen, scharfen, wenig gescharteten Rücken abgeschlossen, der im nördlichen Theile über 1400 *m* (Lovčen südöstlich Cattaro, 1759 *m*), bei Budua noch 1000 *m* hoch ist. Die Halbinseln Vermać, Lustizza und das Terrain zwischen der Župa und der Küste werden von 200—600 *m* hohen Karstrücken durchzogen.

Vom Pass Sutorman zieht das kahle und felsige, im Mittel 1000 m hohe Rumija-Gebirge; seine Ausläufer reichen gegen Scutari und die Küste bei Dulcigno. Die Abfälle sind steil und zerklüftet; bei Antivari eine kleine Küstenebene.

Der Boden dieses Gebirgsabschnittes ist stark oder sehr stark verkarstet, die höheren Theile sind zerklüftet. Die Bodenbedeckung besteht zum geringeren Theile aus steinigen Hutweiden, sonst aus Gesträpp. Die Becken tragen etwas Feldcultur.

Die Crnagora enthält eine große Anzahl meist in südöstlicher Richtung aneinander gereihter, länglicher Becken; die Beckenränder sind im allgemeinen mäßig geböscht, aber verkarstet; die relativ gut gangbaren Beckensohlen enthalten etwas Humus, dann vorwiegend Wiesen und Hutweiden. Spärliche Feldcultur findet sich in den Beckenreihen Sušica-Mündung—Nikšić, Grahovo—Cetinje und in allen Becken im südöstlichen Abschnitte.

Die wichtigeren Becken der Crnagora, dann die Ebenen Montenegros sind:

Duga-Furche. Die übliche Bezeichnung „Duga-Pässe" entspricht nicht der wirklichen Beschaffenheit dieser breiten Senke, welche von bis 1900 m hohen, vielfach bewaldeten Mittelgebirgsrücken beiderseits begleitet und durch 2 niedrige Rücken in 3 Furchen getheilt wird. Jede dieser Furchen besteht aus einer Reihe kleinerer, 800—1400 m hoher Becken, und wird von einer Communication durchzogen, daher man von einem nördlichen, einem südlichen und einem mittleren Duga-Wege spricht; letzterer verbindet die beiden ersten. Der nördliche Weg ist von größerer Bedeutung, häufiger benützt, relativ gangbarer und besiedelter, sowie mit mehr Trinkwasser versehen als der südliche Duga-Weg, welcher durch eine menschenleere ressourcenlose Gegend führt.

Das Becken von Nikšić, 600—700 m hoch, wird durch Ausläufer der Beckenränder und felsige Hügelgruppen in Abschnitte zerlegt. Der nördliche Abschnitt ist eben, cultiviert, in der nassen Zeit häufig überschwemmt. Der westliche Theil ist mit Wiesen bedeckt und wird im Winter regelmäßig, häufig auch nach andauerndem Sommerregen überschwemmt. Der östliche Abschnitt (um Nikšić) ist zum größeren Theile steinige Hutweide. Beiderseits Nikšić liegen 50—90 m relativ hohe, kahle Hügel. Die Beckenränder sind meist schwer gangbar.

Das Becken von Drgalj, über 600 m hoch, mit trockenen Wiesen und spärlichem Baumwuchs bedeckt. Es herrscht Wassermangel. Die Beckenränder sind hoch, schroff, bebuscht.

Thalebene von Danilovgrad-Spuž, über 15 km lang
und 3—10 km breit, zeigt eine fette Humusschichte und ist mit vielen
Wiesen und Waldparcellen bedeckt. Die Thalsohle wird häufig überschwemmt. Diese Thalweite gilt als die fruchtbarste Gegend in Montenegro. Die Beckenränder sind zumeist steil, verkarstet und bebuscht.

Die Ebene Zeta dehnt sich an der unteren Morača aus.
Zwischen Morača und Cijevna herrscht steinige Hutweide, südlich der
Cijevna schwarzer Humusboden vor, letzterer Abschnitt ist sehr gut
cultiviert und dicht besiedelt. Südlich Žabljak-Nanhelm liegt das Über-
schwemmungs-Gebiet des Scutari-Sees, ein mit Weiden- und Birken-
gebüsch dicht bedecktes ungesundes Weichland, das nur im Hochsommer
austrocknet. Am rechten Morača-Ufer sind die nördlichen Theile der Ebene
gut cultiviert, jedoch vom October bis März überflutet; die Ebene von
Žabljak ist weniger cultivierbar, zum größeren Theile ständig versumpft.
Die Einfassungshöhen der Zeta sind steil, stark verkarstet.

Die Küstenebene von Bar (Antivari), 5 km lang, 3 km
breit, stellenweise nass, fruchtbar, gut bebaut (1888 Regulierungsbauten
begonnen). Bewegung vielfach beschränkt. Die Abfälle des Rumija-
Gebirges sind steil, terrassiert und mit Cultur bedeckt.

Die Ebene an der Bojana. Nordöstlich Katrkol-Reči hat
die Gegend den Charakter der cultivierten, nur theilweise nassen Ebene;
zur Regenzeit entstehen Überschwemmungen, welche die Gangbarkeit
beschränken und gefährliche Fieber erzeugen. Südwestlich der genannten
Linie liegt ein stark bebuschtes und bewaldetes Weichland, das zu $\frac{1}{3}$
aus offenem Sumpfe besteht. Die 1895 in Angriff genommene Regulierung der Bojana hat die Entsumpfung dieses Striches zum Ziele.

Bodenbedeckung.

Hutweiden bedecken in der Crnagora nur im Gebiete Rudine-
Banjani größere Flächen; sie haben hier oft den Charakter der Karstweiden. Die Zeta-Ebene trägt zwischen der Morača und Cijevna fast
ausschließlich steinige Hutweide. In der Brda finden sich viele ausgedehnte Alpenweiden.

Die Feldcultur wird in den größeren Ebenen, den Sohlen der
Flussthäler und der Dolinen betrieben.

Weingärten finden sich im Thale der Zeta, der mittleren
Morača und in der Gegend von Ulcinj. Die Weinreben werden ohne
Stöcke am Boden liegend gezogen.

Hochwald kommt in der Brda häufig, in der Crnagora bloß stellenweise vor. Die Wälder enthalten in den tieferen Theilen Laubholz, in den höheren Nadelholz. Gebüsch meist sehr dicht, ist in der Crnagora und auf der Rumija die gewöhnliche Bodenbedeckung.

Weichland bedeckt große Flächen des Nikšićko polje, der Bojana-Ebene und jener nördlich des Scutari-Sees.

Die Gangbarkeit ist nach dem Vorgesagten eine beschränkte. Infanterie wird jedoch, wenn auch mühsam, nahezu überall fortkommen. Cavallerie und Feld-Artillerie könnten höchstens in den Becken von Nikšić und Scutari zur Verwendung gelangen. Sonst wäre überall Gebirgs-Artillerie und Gebirgsausrüstung nothwendig.

Gewässer.

Die große Depression, welche vom Gacko polje bis zum Scutari-See das ganze Gebiet durchzieht, trennt den wasserarmen. Südwesten vom reicher bewässerten Nordosten. In ersterem finden sich nur kleine unbedeutende Karstflüsse, während in letzterem Abschnitte ein gut entwickeltes Flussnetz liegt, u. zw. vornehmlich reißende, bloß stellenweise furtbare Wildwasser, mit 300—1000 m hohen, ungangbaren Thalhängen; die Überschreitung ist meist nur in den Thalerweiterungen möglich.

Die Tara. Bedeutendes Hindernis wegen der felsigen, 300 bis 1000 m hohen Ufer, nur bei Kolašin, Mojkovac, Dobrilovina, Nefertara, Tepca ersteigbar. Schluchtartiges Thal, bei Kolašin, Mojkovac, Tepca und Hum kleine Erweiterungen. $\frac{30-50}{0\cdot8-2}$. Brücken: Kolašin (Holz), bei Mojkovac (Holz), Dobrilovina (Stein). Kleine Fähren bei: Prenčanje, Nefertara, Tepca, Hum. Furten bei: Kolašin, Nefertara, Tepca und an der Mündung.

Die Piva, 500—700 m hohe, ungangbare Felswände, bei Goransko und Hum kleine Thalweiten. $\frac{40-60}{1}$. Brücken (sämmtlich aus Stein) nur bis Šavniki. Furten bei Goransko, nördlich davon und an der Mündung.

Die Morača bis zur Zeta-Mündung reißendes Gebirgswasser in einem schluchtartigen Thale, die Ufer sind tief eingerissen und felsig; im Unterlaufe sind sie sumpfig. $\frac{20-60}{0\cdot5-3}$. Stellenweise furtbar.

Der Hauptnebenfluss ist die Zeta, welche im Oberlaufe das Becken von Nikšić durchfließt und an dessen Ostrand verschwindet. Nach ca. 3 km tritt sie wieder zutage, fließt zunächst in einem engen

Thale, bis sie bei Danilovgrad ein breites Becken betritt. $\frac{15-30}{0\cdot3-1}$. Furten finden sich ziemlich häufig in der ganzen Flussstrecke.

Der Scutari-See ist ca. 45 *km* lang, 10—12 *km* breit, nur 6—11 *m* tief. An der Süd- und Nordwestseite treten steile, verkarstete Höhen bis unmittelbar an den See. Zwischen der Rijeka-Mündung und der großen, nach Nord reichenden seichten Bucht südöstlich Tuzi ist der Landstrich nächst des Ufers stark versumpft und steigt allmählich zu der gut cultivierten Ebene „Zeta" östlich der unteren Morača an. Die Ebene zwischen der genannten Bucht und Scutari hat fruchtbaren Boden, ist jedoch wenig bebaut und von Torrenten durchzogen.

Die Schiffahrt am See wird mit ca. 200 Segelbooten betrieben; die Türkei besitzt 3, Montenegro 1 (kleinen) Dampfer.

Die Bojana, $\frac{100-700}{1-5}$, hat ein sehr verwildertes Bett und ist infolge der vielen Sandbänke und Barren bei normalem Wasserstande nur für flache Boote fahrbar. Nicht furtbar. Seit 1890 fanden wiederholt Verhandlungen (Türkei und Montenegro) bezüglich Regulierung der Bojana statt; 1895 ist mit der Durchführung begonnen worden.

Klimatische und sanitäre Verhältnisse.

Die Crnagora hat ein continentales Klima, bedingt durch die große absolute Höhe, die Kahlheit und den Abschluss gegen das Meer. Herbst und Frühjahr sind kurz, durch Niederschläge ausgezeichnet; der Sommer ist sehr heiß, regenarm, der Winter streng, schneereich.

In der Brda sind Frühjahr und Herbst deutlich ausgesprochen. Winter und Sommer ändern ihren Charakter je nach der Höhenlage. So haben die Thäler der mittleren Zeta, der unteren Morača und des obersten Lim milde Winter und heiße Sommer; das Gebiet der oberen Morača, der Tara und der Piva besitzt dagegen rauhe, schneereiche Winter (der Schnee bleibt vom November bis März liegen) und kühle Sommer. Die Niederschläge sind in der Brda reichlich und über das ganze Jahr vertheilt.

Der Küstensaum. Die Bojana-Ebene, das Becken des Scutari-Sees und das Zeta-Thal abwärts Podgorica haben das heiße Klima des Mittelmeerbeckens. Den größeren Theil des Jahres hindurch kommen nur hohe Temperaturen vor, der Sommer ist gewöhnlich regenlos, der Winter markiert sich durch eine Regenzeit, welche ausgedehnte Überschwemmungen zur Folge hat.

4*

Die Vegetation ist demnach eine sehr verschiedene. In der Küstenebene gedeiht die Feige und der Ölbaum, in den Thälern der Rijeka, Zeta, Morača der Wein; Mais gedeiht im allgemeinen bis 900 m Seehöhe, das Getreide auch noch in den tieferen Becken der Banjani.

An der Küste und in der Crnagora wehen im Winter abwechselnd Bora und Scirocco, während im Sommer gewöhnlich der Maestral bläst. In der Brda kommen außer Bora und Scirocco noch locale Windströmungen vor; erwähnenswert sind die häufigen Schneestürme.

Am Scutari-See, an der Bojana und zum Theile an der Rijeka und Zeta treten als Folge der Überschwemmungen hartnäckige, sehr gefährliche Fieber auf. Das sogenannte „Bojana-Fieber" wird selbst von den Einheimischen so sehr gefürchtet, dass es in der fruchtbaren Küstenebene nur wenig feste Ansiedlungen gibt.

In der Crnagora und in der Brda gibt es keine ausgesprochen ungesunden Gegenden von größerer Ausdehnung, doch ruft der rasche und bedeutende Temperaturwechsel leicht katarrhalische und rheumatische Affectionen hervor.

Verkehrsmittel.

1. Transportmittel.

Das Pferd, als Reit- oder Tragthier verwendet, repräsentiert das landesübliche Transportmittel. Die Pferde sind klein, aber sehr ausdauernd und vermögen Lasten von 130—150 kg an einem Tage 30 km weit zu tragen; bei andauernder Benützung können 90—100 kg als Durchschnittslast gerechnet werden.

Fuhrwerke sind im Lande nur in geringer Zahl vorhanden, u. zw. primitive Karren, große vierrädrige hölzerne Wagen (beide meist mit Ochsenbespannung) oder Schlitten (letztere namentlich auf den Alpenplateaux).

Das montenegrinische Weib ist ein Transportmittel von großer Bedeutung, besonders im Kriege; es trägt tagelang auf den schlechtesten Wegen Lasten von 30—40 kg.

2. Eisenbahnen.

Montenegro besitzt keine Eisenbahnen. Projectiert ist die Linie Bar—Podgorica.

3. Straßen und Wege.

Die Wegsamkeit ist im allgemeinen gering. Das Communicationsnetz besteht meist aus Saumwegen. In neuerer Zeit ist jedoch ein Aufschwung im Straßenbau bemerkbar.

Die Straßen sind gut, kunstgerecht angelegt, 6—7 *m* breit, Maximalsteigung 6% ; solide Brücken (auch Eisenconstructionen).

Fahrwege finden sich in der Zeta, in der Ebene bei Nikšić und nördlich der Bojana-Mündung, endlich auf den Alpenplateaux.

Die Saumwege sind zum größten Theile weder richtig angelegt noch erhalten. In den wichtigsten Richtungen bestehen jedoch gebaute und gut erhaltene, über 2 *m* breite Saumwege. In den ehemals türkischen Gebieten finden sich auch Kaldrma, d. s. gepflasterte, sehr beschwerliche Saumwege. Die Passierbarkeit der Saumwege wird nicht selten durch sehr starke Steilen, versumpfte, schmale oder gefährliche Stellen, durch Überschwemmungen und Windbrüche gestört; im Winter werden viele Saumwege in der Brda so verschneit, dass sie monatelang unpassierbar bleiben. Fußtruppen können gewöhnlich nur einzeln (auf den erhaltenen Saumwegen stets zu zweien) marschieren. Gebirgs-Artillerie kommt überall fort. Die Saumwege in Rudine-Banjani, am Durmitor und auf der Sinjavina planina sind ohne Führer größtentheils nicht zu benützen.

Fußwege kommen nur in den höchsten Gebirgspartien vor.

Über die wichtigeren Routen wäre hervorzuheben:

1. An Straßen bestehen: *a*) Nikšić, Podgorica, Plavnica (Scutari-See); *b*) eine einzige, Montenegro mit der dalmatinischen Küste verbindende Straße Cattaro, Cetinje, Rijeka, Podgorica; *c*) Bar (Küste), Rijeka. Im langsamen Ausbaue begriffen sind die Straßen: Cetinje, Nikšić und Nikšić, Drgalj, Risano; projectiert ist die Straße: Avtovac, Duga, Nikšić.

2. Erhaltene Saumwege: *a*) Nikšić, Šavniki, Nefertara; *b*) Nikšić, Trepča, Milagora (Richtung Bilek); *c*) Grahovo, Grab, Cetinje; *d*) Danilovgrad, Njeguši; *e*) Danilovgrad, Rijeka, Virpazar; *f*) Podgorica, Kolašin; *g*) Podgorica, Rikavac (Richtung Gusinje).

4. Schiffahrt.

Der Scutari-See, die Bojana, die Rijeka, die unterste Morača sind schiffbar. Durch die Regulierung der Bojana könnte die Schiffahrt einen erheblichen Aufschwung nehmen.

Den Verkehr zur See*) besorgen Dampfer und Segelschiffe. Die Dampfer des österr. Lloyd und der ungarisch-croatischen Schiffahrtsgesellschaft laufen regelmäßig Bar und Ulcinj an.

*) Montenegro darf (Berliner Vertrag 1878) weder Kriegsschiffe haben, noch eine Kriegsflagge führen. Der Hafen von Bar und alle montenegrinischen Gewässer sind den Kriegsschiffen aller Nationen verschlossen. Die Hafenpolizei

Montenegro besitzt ein Dampfschiff, welches hauptsächlich zum Getreidetransport von Odessa nach Bar dient.

Auf dem Scutari-See, sowie seinen Zuflüssen und der Bojana verkehren leichtgebaute Flachboote (Londras), welche 5—10 Tonnen (30—50 Mann oder 2—4 Pferde) fassen, mit 3 Ruderern bemannt und auch zum Brückenbau geeignet sind (Montenegro besitzt deren über 200). Die türkische Regierung besitzt eine kleine Kriegsflotille (2 Raddampfer, 1 Dampfbarcasse); ein kleiner montenegrinischer Handelsdampfer liegt vor Rijeka.

Unterkunftsverhältnisse.

Die Häuser sind in der Crnagora aus Bruchstein, in den nördlichen Gebieten der Brda aus Holz mit Steinunterbau, in den süd-östlichen Gegenden meist aus Reisig und Stein gebaut. Nur in den größeren Orten gibt es Häuser, welche aus behauenen Steinen aufge-führt und mit Ziegeln oder Schindeln gedeckt sind.

Die ebenerdigen Häuser umfassen in der Regel nur einen Wohn-raum, in welchem häufig auch das Vieh untergebracht wird. In den einstöckigen Häusern wird das Erdgeschoss als Stall, das obere Stock-werk als Wohnung verwendet.

Die Schulen sind meist besser gebaute Objecte. Die Klöster bestehen entweder aus einem Complexe mehrerer kleinerer oder größerer, aus Bruchsteinen aufgeführter Gebäude, oder aus einem größeren Hause sammt einen mit Mauern umschlossenen Hof.

Geschlossene Orte gibt es sehr wenige, am häufigsten noch im Südosten des Fürstenthumes. Gewöhnlich stehen die Wohngebäude einzeln oder in Gruppen vereint. Die nebeneinander liegenden Weiler werden meist von den Angehörigen einer Familie bewohnt und führen zusammen einen Collectivnamen.

Größere Orte: Podgorica 4000 Einw., Ulcinj 3500, Bar und Nikšić je 2000, Cetinje 1200, Danilovgrad, Spuž, Rijeka, Kolašin je 1000.

---

in Bar und längs der Küste wird durch Österreich-Ungarn ausgeübt. Montenegro nimmt die für Dalmatien geltenden Seegesetze an. Österreich-Ungarn verpflichtet sich, der montenegrinischen Handelsflagge seinen Consularschutz zutheil werden zu lassen.

Statistische Angaben.

Staatliche Organisation.

Die Staatsform des (mittelst des Berliner Vertrages 1878 unabhängig erklärten) Landes ist die absolute erbliche Monarchie. Die Regierung wird vom Fürsten mit Hilfe des Staatsrathes und der 4 Ministerien*) geführt.

Montenegro wird in 10 Nahijen, diese in 70 Kapetanijen (Stämme), letztere wieder in Sela (Gemeinden, nach Sippen) eingetheilt. Die Eintheilung in Nahijen hat nur mehr historischen Wert. Die Kapetans leiten die gesammte Verwaltung. Die Leitung der militärischen Angelegenheiten besorgen die Brigadiere mit den Commandieren (Bataillons-Commandanten) nach den Weisungen des Kriegsministers.**)

Österreich-Ungarn ist in Montenegro diplomatisch durch einen Ministerresidenten in Cetinje vertreten; ferner besteht in Bar ein Viceconsulat.***)

Bevölkerung.

Die Einwohnerzahl beträgt ca. 280.000, die Bevölkerungsdichte 20—30 Einwohner per km^2.

Die Bevölkerung gehört fast ausschließlich dem südslavischen Stamme der Serben an. Albanesen — kaum 2% — wohnen an der Südost-Grenze, Türken in sehr geringer, sich stetig vermindernder Zahl in Podgorica, Bar und Ulcinj.

Der Religion nach bekennt sich der weitaus größte Theil der Bevölkerung (97%) zur griechisch-orientalischen Kirche; der Rest sind Katholiken und Mohamedaner.

Ressourcen.

Der Ackerbau (Mais, Kartoffeln) liefert nicht die für den eigenen Bedarf der Bevölkerung nöthigen Mengen.†)

---

*) Ministerium des Äußeren, des Krieges, des Innern und der Finanzen; jedes Ministerium besteht aus dem Minister und 1—3 Secretären.

**) Es bestehen 8 Infanterie-Brigaden und 1 Artillerie-Brigade; die ersteren zu 3—7 Bataillonen; im ganzen 52 Bataillone. (Im Frieden bloß ein Lehrbataillon in Cetinje.)

***) Russland, Frankreich und Italien sind durch Ministerresidenten, die Türkei durch einen Gesandten, England durch einen Geschäftsträger vertreten.

†) Seit 1889 spendet die russische Regierung jährlich 180.000 hl Getreide, welches als Taglohn für Straßenbauten ausgegeben wird.

Schlachtvieh, besonders Schafe und Ziegen, findet sich verhältnismäßig viel vor, namentlich in der Brda. Das Rindvieh ist von kleinem Schlage und schlecht genährt. Im Sommer vereint man das Vieh an den einzelnen ergiebigen Wasserstellen in größeren Mengen. Es kann angenommen werden, dass bei einem Einmarsche das gesammte Vieh weggetrieben werden würde.

Salz wird eingeführt.

Trinkwasser ist bloß in der Brda gewöhnlich genügend vorhanden, doch kommen auch in der Crnagora einzelne, relativ wasserreiche Becken vor.*)* Viele der Wasserbezugsstellen sind nur den Nächstwohnenden bekannt und werden thunlichst geheimgehalten. Wein wird am linken Zeta-Ufer, an der unteren Morača und bei Bar angebaut.

Futter dürfte schwer aufzubringen sein, da die einheimischen Pferde und das Hornvieh meist auf die Weide angewiesen sind. Hafer wird wenig gebaut, Heu ist in größerer Menge in der Brda vorhanden, in der Crnagora dagegen herrscht im allgemeinen Heumangel.

An Brennholz dürfte nur im Südwesten Mangel bestehen. Meist wird dort Strauchwerk zum Brennen verwendet.

Tragthiere finden sich zwar in ziemlich großen Mengen (ca. 3000 Pferde), dürften aber bei einem Einmarsche weggetrieben werden.

Befestigungen in Montenegro.

a) Im allgemeinen.

Die Befestigungen in Montenegro stammen noch von den Türken her; es sind altartige, meist aus Bruchsteinmauerwerk hergestellte Sperren und Castelle, gegen Gebirgsgeschütze widerstandsfähig; nur einzelne werden erhalten und als Depots adaptiert.

Vertheidigungsfähige Wachhäuser — Karaulen, Kulas — kommen häufig vor.

Die Klöster besitzen infolge ihrer soliden Bauart einigen militärischen Wert und spielten auch in den montenegrinisch-türkischen Kämpfen eine nicht unbedeutende Rolle.

Gemäß des Berliner Vertrages (1878) dürfen an der Bojana keine Befestigungen angelegt, die Befestigungen zwischen dem Scutari-See und der Meeresküste sollten geschleift werden.

---

*) 1876 lagerten z. B. in den Banjani im Juni 10.000—12.000 Mann durch mehrere Tage und hatten genügend Wasser.

b) Bestehende Befestigungen.

Duga-Furche. Zur Sicherung der Verbindung zwischen dem Gacko- und dem Nikšićko polje errichteten die Türken längst des nördlichen Duga-Weges 3 Forts (Zlostup, Nozdre, Presjeka) und 4 Kulen. Die Forts sind große aus Quardermauerwerk massiv aufgeführte Defensionskasernen (mit der Front nach Südosten, Eingang Nordwesten). Besatzung bestand aus 600—800 Mann, 40—50 Pferde. Presjeka ist zur Noth erhalten. Die Kulen sind nahezu ganz verfallen.

Nikšić. Das Castell besteht aus einem oberen und aus einem unteren Abschnitte. Ersterer auf einem 50 m hohen Felsriegel gelegen, hat 4—6 m hohe, 1·5 m dicke crenelierte Mauern, Emplacements für 17 Geschütze und ein stärkeres Reduit. Der untere Abschnitt ist halb verfallen. Im Nikšićko polje befinden sich weiters noch mehrere Kulen.

Gruppe Spuž-Podgorica. Zwischen Spuž und Podgorica sicherten sich die Türken durch Erbauung vieler Kulen und eines Forts eine Art von Manövrierraum. Im Norden liegt das Fort Spuž und eine Straßensperre; im Süden der kleine Brückenkopf von Podgorica; die Ost- und West-Front sind durch einige Kulen gebildet. Die Befestigungen sind bis auf wenige zu Depots benützte Kulen verfallen.

Befestigungen am Scutari-See. Diese türkischen Anlagen am Nordwest-Ende des Sees bezweckten, das Vorgehen in der Niederung nördlich des Sees und die Rijeka-Ausfahrt zu verwehren. Die Befestigungen bestehen aus der Bergfeste Žabljak (auf einem 130 m hohen Felskegel) und aus mehreren Kulen; sie sind gut erhalten und dienen meist als Depots.

Passperre Sutorman besteht aus einer Defensionskaserne und 4 Kulen, meist im Verfalle.

Thalsperre Kolašin bezweckte, das obere Tara-Thal zu sperren, und bestand aus 1 Castell und 4 Blockhäusern; bloß 1 Blockhaus ist zu Depotzwecken erhalten.

VI

Bosnien.

Bodengestaltung und Bodenbedeckung.

a) Gliederung.

Bosnien ist fast durchwegs von, hauptsächlich gegen Südosten streichenden Gebirgen erfüllt.

Der bosnische centrale Höhenzug, bei Bihać beginnend, streicht zwischen den Oberläufen der Sana, des Vrbas und der Bosna einerseits, des Unac, der Rama und dem Narenta-Oberlaufe andererseits und setzt sich bis nach Montenegro fort; diese 20—50 *km* breite 1000—2000 *m* hohe Gebirgszone weist im Norden Plateau-, im Süden Hochgebirgscharakter auf; der Boden ist vielfach verkarstet, schwer gangbar, theilweise auch ungangbar.

Östlich dieser Zone breitet sich bis zur Linie Banjaluka, Zvornik das dicht bewaldete, schwer gangbare bosnische Mittelgebirge aus (800—1500 *m* hoch, nur stellenweise verkarstet, am mittleren Vrbas und östlich Sarajevo Plateau-Landschaften), welches zur Save-Niederung in 300—800 *m* hohes Berg- und Hügelland ausläuft.

b) Der bosnische centrale Höhenzug.

Der nördlichste Theil zwischen Una, Unac und Sana bildet eine Plateau-Landschaft, welche gegen Süden bis 1000 *m* steigt, und Berglandspartien, sowie einzelne Mittelgebirgszüge (Kuppen bis 2000 *m*) trägt. Die Abfälle sind meist terrassenförmig. Der Boden zeigt vielfach starke Verkarstung. Die höheren Theile, dann die Abfälle des Plateaus sind stark bewaldet; die flacheren Theile tragen Wiesen (Hutweiden), dann Gebüschflächen.

Der mittlere Abschnitt, bis zum Ivan-Sattel (967 m), zeigt im Hauptzuge und in den Verästungen den Charakter des hohen Mittelgebirges; im nordwestlichen Theile herrschen Plateaubildungen vor, im südlichen Theile finden sich meist schmale Rücken. Einzelne Alpenstöcke erheben sich bis zu 1800 m. Die Abfälle sind durchwegs steil, auch felsig. Karstcharakter zeigen nur einzelne Abschnitte (im Nordwesten). Wald bildet die herrschende Bodenbedeckung; Wiesen, Hutweiden und Felder kommen nur in den tiefer gelegenen Partien vor.

Der südliche Theil, bis zur Linie Čemerno-Sattel (1329 m), Sutjeska, Drina, trägt vorwiegend Alpengebirgs-Charakter. Tiefeingeschnittene Thäler zerlegen das Gebirge in mehrere Stöcke; zwischen der Treskavica und Lelja pl. ist die 1000—1300 m hohe Karsthochfläche Krbljina—Zagorje eingesenkt. Die Obertheile sind Plateaux mit aufgesetzten hohen Rücken, erreichen in der Basis Höhen von 1300 bis 1800 m, mit den aufgesetzten Erhebungen bis 2000 m. Die Abfälle sind größtentheils steil, felsig, zerrissen (Wände bis zu 1000 m). Die bis zur Miljačka und Prača sich verzweigenden Vorlagen sind hohes Mittelgebirge (Erhebungen bis 1600 m), vielfach gegliedert, mit sehr steilen Abfällen. Die Bodenkruste ist auf den Obertheilen der Plateaux im ganzen wenig verkarstet; nur die Krbljina—Zagorje zeigen starke Verkarstung. Die Bodenbedeckung bildet meist Wald; die Obertheile der Plateaux tragen ausgedehnte Alpenweiden. Sonstige Culturen sind sehr selten.

c) Das bosnische Mittelgebirge.

Dasselbe bildet die nordöstliche Verästung des vorbeschriebenen Centralzuges und wird durch die Thalfurchen der Sana, des Vrbas und der Bosna in Gruppen zerlegt; die höheren Partien liegen im Süden, die allgemeine Abdachung erfolgt zur Save-Niederung.

a) Zwischen Sana und Vrbas breitet sich um Sitnica eine 800—1200 m hohe Plateau-Landschaft aus, welche gegen Norden in ein stark gegliedertes, bewaldetes Bergland übergeht. Den gleichen Charakter tragen auch die Ausläufer des Mittelgebirgsrückens der Kozara plan. gegen die Save-Ebene. Nur bei Sitnica ist der Boden stark verkarstet.

b) Die sich zwischen Vrbas und Bosna ausbreitenden Gebirge sind bedeutend höher als die vorbeschriebene Gruppe. Die südliche Partie bis an die Usora ist 1000—1900 m hohes, dicht bewaldetes Mittelgebirge; beiderseits des Ugar ein zum Theile verkarstetes Plateau.

Von der Usora an stuft sich das Gebirge bis 400 m Höhe ab; die
niederen Partien sind cultiviert, sonst herrscht überall dichte Waldbedeckung vor.

c) Im Quellgebiete der Miljačka erhebt sich das Alpenplateau
der Romanja planina (1300—1600 m); dasselbe weist Karstformation auf; ausgedehnte Felspartien, sterile, steinige Flächen und
große Dolinen sind häufig. Die zur Drina in südöstlicher und östlicher
Richtung abgehenden Verzweigungen schließen die sterilen Karsthoch-
flächen von Glasinac und Košutica ein und fallen sehr steil (oft felsig)
zur Drina ab.

d) Von der Romanja plan. lösen sich zwei 1000—1500 m hohe,
bewaldete Mittelgebirgssysteme ab, welche die Krivaja beiderseits
begleiten. Das südwestliche ist sehr gegliedert und zeigt scharf aus-
geprägte schmale Rücken; es ist nur in den untersten Partien stellenweise cultiviert. Der nordöstliche Theil zeigt mehr plateanartige Formen,
weist theilweise Alpenweiden, in niederen Partien viel Feldbau auf.
Die Abfälle sind schroff.

e) Jenseits der breiten Thalfurche der Spreča erhebt sich die
Majevica planina, ein bewaldetes, 700—800 m hohes, stark ge-
gliedertes Mittelgebirge, welches sich mit niederen, gut cultivierten
Verzweigungen zur Save-Ebene abstuft.

d) Flachlandsgebiete.

Das Sarajevsko polje, ca. 500 m hoch, nahezu 10 km lang
und breit, eben, Überschwemmungen ausgesetzt, aber gut cultiviert.
Die Beckenränder sind zwischen 100 m (im Westen) und 600 m (im
Süden) hoch, im Südwesten sehr steil, ziemlich bewaldet; sonst meist
sanft geböscht und besser cultiviert.

Die Vrbas-Thalweite Skoplje zwischen Vakuf gornji und dolnji,
ca. 5 km breit, sehr gut cultiviert.

Das Sprečko polje, über 200 m hoch, 30 km lang, 3—8 km
breit, mit Hutweiden, Wiesen und Wald bedeckt, Felder nur im östlichen Theile. Die Gangbarkeit wird durch viele Zäune und Gräben,
die Übersicht durch Baumreihen beschränkt. Beiderseits der Spreča
dehnt sich ein ca. 1 km breiter Weichlandsstreifen aus. Bei anhaltendem
Regen (Frühjahr, Herbst) wird die ganze Thalsohle überschwemmt.

Die Save-Ebene. Sie umfasst die breiten Mündungen des
Una-, Vrbas- und Ukrina-Thales, dann die zusammenhängende Niederung
zwischen der Bosna- und Drina-Mündung. „Posavina" wird in Bosnien

(im Gegensatze zum croatischen Sprachgebrauche)*) das Flachland benannt, welches sich von der Ukrina bis zur Drina an der Save ausdehnt.

Die Bodenkruste besteht aus schwarzer Erde (seltener Lehm mit Sand). Häufige Überschwemmungen verursachen ausgedehnte Versumpfungen oder Sumpfadern; letztere sind oft mehrere Kilometer lang, 70—150 m breit, nicht selten kreisförmig geschlossen. Die Bodenbedeckung bildet eine sehr parcellierte Cultur. Ein dichtes Netz von Einfriedungen und Gräben erschwert die Bewegung; Obstgärten, Waldparcellen, Baumreihen, Maisfelder hindern den Überblick. Die Wälder enthalten meist sehr dichtes Unterholz oder sind versumpft.

Die Posavina ist nur in der Nähe der Wasserläufe vollkommen eben; sonst von niedrigen Bodenwellen durchzogen, welche an der Save rideauartig enden.

Gewässer.

Save (von Sissek bis zur Drina-Mündung)

Bett: Grund lehmig und sandig, auch schlammig; Ufer 2—10 m hoch, steil, brüchig, häufig durch Schutzbauten verstärkt.

Wassermasse. $\frac{75-350}{3-6}$ 0·6—1·5. Die Save friert selten ganz zu. Hochwässer treten gewöhnlich im Frühjahre ein, dauern 10—14 Tage, schwellen den Wasserstand 3—6 m über das Normalwasser. Überschwemmung tritt an flachuferigen Strecken jährlich ein. Niederwasser im Hochsommer und bei anhaltendem Froste.

Furten kommen nur bei niederstem Wasserstande bei Jasenovac, Brod, Šamac, Brčka und Rača vor. Überfuhren sind häufig, auch leistungsfähig. Brücken: Sissek (Eisen), Jasenovac (Eisenbahn), Brod und Brčka (Straßen- und Eisenbahnbrücke). Für einen Übergang sind bis Jasenovac 3—5, dann 11—12 Equipagen erforderlich.

Von Sissek abwärts Dampfschiffverkehr. Die Donau-Monitore können bei günstigem Wasserstande die ganze Strecke befahren. Der Schiffahrt hinderlich sind der oft Monate lang andauernde geringe Wasserstand, die Veränderlichkeit der Fahrrinnen, die Flusskrümmungen und die Schiffmühlen.

Das Anland links ist ganz eben, bis Jasenovac vielfach versumpft, bis Brod nächst des Flusses trocken, bebaut, dagegen weiter

---

*) Save-Niederung zwischen Sotla- und Kulpa-Mündung wird als Posavina, bawärts Agram als Turo polje, bei Sissek als Odransko polje bezeichnet.

hinaus bis zur Bahn vielfach morastig, schwer gangbar; der Winkel zwischen dem unteren Bosut und der Save ist nahezu ganz versumpft. Rechts treten häufig Höhenfüße bis an den Fluss, zunächst der größeren Zuflüsse von sumpfigen Niederungen unterbrochen.

Zuflüsse rechts.

Una. $\frac{75-120}{0\cdot6-1\cdot5}$. Hochwässer nach der Schneeschmelze und starken Regengüssen überschwemmen das Anland, besonders bei Krupa und Novi. Furten von Bihać ab selten.

Die **Sana**, $\frac{50-150}{1-1\cdot3}$. Hochwässer im Frühjahre und Herbste verursachen Überschwemmungen ab Prjedor.

Vrbas. Bis unterhalb Banjaluka Torrentencharakter, $\frac{30-100}{0\cdot5-8}$ 2·5. Hochwässer Ende März und October, dann nach andauernden Regengüssen (1—5 Tage). Furten sind selten, immer schwer zu benützen. Brücken bis Jajce zahlreich, abwärts nur bei Banjaluka, Klašnica, Kladari.

Bosna. Bis Zenica $\frac{40-100}{\text{bis }3}$ 1·5—2·7, dann $\frac{150-200}{3-5}$ 0·4—2·3. Mehrere Stromschnellen. Eisdecke selten für Fuhrwerke benützbar. Hochwässer regelmäßig im Frühjahre und Herbste, 3—5 m über dem Normalwasser, dauern oft über eine Woche. Überschwemmungen ergeben sich bei Visoko bis 400 m breit, ab Doboj 800—1500 m breit.

Furten sind selten, nur bei Niederwasser benutzbar. Bessere Überfuhren kommen ebenfalls selten vor. Brücken: Visoko, Zenica, Žepče, Maglaj, Doboj, Modrić; eiserne Bahnbrücken bei Doboj, Zenica, Žepče, Maglaj, Doboj. Floßschiffahrt von Vranduk (bei Niederwasser von Žepče) von April bis Mitte October. Ruderschiffe verkehren von Maglaj abwärts.

Spreča. $\frac{20-60}{0\cdot7-2\cdot3}$. Hochwässer im Frühjahre und Herbste steigen bis 3 m. Überschwemmungen an vielen Stellen, im Sprečko polje bis 800 m breit. Die Ufer sind 1—5 m hoch, brüchig, stellenweise versumpft, im Unterlaufe 50—80 m hoch und felsig; hier ist der Grund steinig, sonst vielfach schlammig. Stellenweise furtbar.

Drina (abwärts Hum). Bett: Grund felsig und schotterig, Ufer im Oberlaufe und bei Zvornik felsig, sonst meist 1—7 m hoch, brüchig.

Wassermasse: Bis Ljubovija $\frac{60-130}{1\cdot7-5}$ $1\cdot2-2\cdot2$, dann $\frac{100-180}{1\cdot7-3}$ $1\cdot2-2\cdot2$ (an der Mündung 360 m breit).

Die Drina friert nie zu. Hochwässer im Frühjahr und Herbst dauern meist nur einige Tage, steigen aber sehr hoch. Furten sind bei Ustikolina, zwischen der Praća- und Lim-Mündung, dann im Unterlaufe bei Niederwasser zu finden. Ab Bajina Bašta einige (kleine) Überfuhren. Brücken bei Foča, Goražda, Višegrad. Eine Kriegsbrücke im Unterlaufe erfordert 3—7 Equipagen. Flößerei von Višegrad an; Schiffahrt nur bei günstigem Wasserstande von Bajina Bašta, sonst erst von Zvornik. Die Schiffahrt ist durch Untiefen und Stromschnellen behindert, in der Strecke von Zvornik bis zur Mündung sind Regulierungsarbeiten eingeleitet worden. Günstige Übergangspunkte: von links nach rechts Zvornik, Loznica, Janja; rechts, links: nördlich Zvornik, südwestlich Loznica, Bjelina; beiderseits: Rača.

Thal. Bis abwärts Zvornik meist eng, theilweise schluchtartig; Thalhänge bis 800 m hoch, steil, auch felsig; kleine cultivierte Erweiterungen bei Foča, Goražda, Višegrad. Weiters wird die Thalsohle bis 1·5 km breit, gut cultiviert; die bewaldeten Hänge sind rechts steiler, höher und dominierend, ausgenommen bei Loznica. Abwärts Loznica übergeht das Thal in die Posavina.

Klimatische und sanitäre Verhältnisse.

In Bosnien herrscht ein rauheres Klima, als es der Breitenlage entspricht. Ursachen hiefür sind die nach Nord geöffneten Thäler, die starke Bewaldung und die gegen Süden zunehmende Erhebung. Die Temperaturschwankungen sind noch immer bedeutend.

Der Winter ist rauh, der Frühling kurz und unbeständig, der Sommer verhältnismäßig nicht heiß, der Herbst in der Regel beständig und schön.

Die meisten Niederschläge fallen im Frühlinge und bei Beginn des Sommers, die wenigsten im Herbste. In den höher als 500 m gelegenen Gebieten sind Schneefälle von Ende October bis Mitte Mai häufig, im Winter massenhaft.

Die sanitären Verhältnisse sind im allgemeinen als günstige zu bezeichnen. Die ungesundesten Monate sind fast regelmäßig der Juli und August; am günstigsten sind September—November. Fiebergegenden sind speciell die Niederungen an der Save.

Verkehrsmittel.

I. Transportmittel.

In Bosnien ist das Tragthier vorwiegend im Gebrauche. Das Tragpferd ist klein, ausdauernd, sehr sicher; die Traglast beträgt 80—120 kg.

Die einheimischen Wagen, Wirtschaftszwecken dienend, ganz aus Holz gebaut, werden mit 2—3 Paar Ochsen bespannt und laden 6—10 q. Der Gebrauch von kleinen Leiterwagen (ähnlich jenen in Slavonien) mit Pferdebespannung bürgert sich ein; sie laden 6—12 q.

2. Eisenbahnen.

Die gebirgige Beschaffenheit, dann die eigenartigen wirtschaftlichen und culturellen Verhältnisse des Landes erschweren den Eisenbahnbau.

Nur die Bahn Doberlin—Banjaluka ist normalspurig; alle anderen haben eine Spurweite von 0·76 m; alle Bahnen sind eingeleisig.

Die Linie Brod, Sarajevo, Mostar, Metkovič durchschneidet das ganze Gebiet. Von derselben führt gegen Osten nur die Staatsbahn Doboj—Siminhan und die Montanbahn Vogošća—Čevljanović. Von Lašva (südlich Zenica) führt weiters eine Bahn über Vakuf dl. (hier Abzweigung nach Jajce) nach Bugojno (projectierter Weiterbau nach Spalato). Die ehemals projectierte, 350 km lange, normalspurige Eisenbahnlinie Sarajevo, Mitrovica (Sarajevo, Goražda, Priboj, Bijelopolje, Rožaj, Mitrovica) hätte wegen der schluchtartigen Thäler und Übersetzung zweier Wasserscheiden (1043 m südöstlich Sarajevo und 1380 m nordwestlich Rožaj) einen äußerst kostspieligen Bau zur Folge gehabt. Diese Bahn wäre somit für das in Anspruch genommene Capital an und für sich wenig rentabel, und im Hinblicke auf den weitaus billigeren Transport auf der Route über Belgrad und Vranja finanziell unmöglich. (Rückwirkung auf die Wahl des Schmalspur-Systems in Bosnien, da die Activierung eines durchlaufenden Verkehrs mit Normalbahn in der Richtung zum Ägäischen Meere fast aussichtslos erscheinen müsste.)

3. Straßen und Wege.

In Bosnien gibt es große Flächen, in welchen fahrbare Communicationen auch in den wichtigeren Richtungen fehlen. Seit der Occupierung dieses Gebietes ist zwar im Communicationswesen Bedeutendes geleistet worden; da aber früher Straßen im europäischen Sinne dort nicht existierten, konnte selbst eine große Bauthätigkeit nicht allen dringenden Forderungen genügen. Über den Charakter der Communicationen siehe Seite 42.

Hinsichtlich des bestehenden Straßennetzes wäre hervorzuheben:

a) Die Linie Brod, Zenica, Sarajevo, Ivan-Sattel, Mostar, Metković (80—100 *km* von der serbischen und montenegrinischen Grenze entfernt).

b) Die Linie Rača, Zvornik, Vlasenica, Han pod Romanja, Rogatica, Goražda, Foča, Kalinovik (zur serbischen und türkischen Grenze nächste durchlaufende Verbindung).

c) Brčka, Dl. Tuzla, Kladanj, Olovo (ohne Fortsetzung nach Sarajevo).

d) Von der Route *a*) führen zur Grenze:

1. Dervent, Brčka, Bjelina;
2. Doboj, Dl. Tuzla, Zvornik, mit vier straßenmäßigen Querverbindungen;
3. (als Fortsetzung von 2.) Drinjača, Srebrenica (oder Faković);
4. Sarajevo, Han pod Romanja, Višegrad, Uvac;
5. Sarajevo, Goražda, Čajnica.

e) Es ergeben sich somit im Norden (Save—Spreča) und im Süden (Foča, Višegrad, Sarajevo) straßenreichere Abschnitte, wogegen der Zwischenraum (hohes Mittelgebirge und Plateaux) noch wenig Straßen aufweist.

f) Bemerkenswert, dass zwischen Višegrad und Faković eine fahrbare Verbindung längs der Grenze (Drina) fehlt (Straße Srebrenica, Palež, Višegrad erst im Projecte).

g) Dass zwischen Višegrad und Goražda im Drinathale noch keine Straße führt, endlich, dass Foča mit Sarajevo dermalen noch in keiner directen straßenmäßigen Verbindung steht (Sarajevo, Trnovo Straße im Bau; Trnovo, Kalinovik Fahrweg, projectierte Straße; Kalinovik, Foča Straße).

h) Zur Linie *a*) parallel führt die Straße B. Gradiska, Banjaluka, Bugojno entweder über Prozor zur Narenta oder über Županjac nach Imoski (letzte Strecke Duvansko polje, Imoski erst in Ausführung).

Unterkunftsverhältnisse.

Das Wohnhaus des Mohamedaners besteht aus einem meist in Bruchsteinen aufgeführten Erdgeschoße (als Stall, Vorrathskammer dienend) und einem hölzernen, oder aus ungebrannten Ziegeln construierten Stockwerke. Das sehr hohe Dach ist mit Schindeln gedeckt; Rauchfänge fehlen.

Die Wohngebäude der Christen sind in der Regel ebenerdig und enthalten nur 1—2 Räume. Die Wände bestehen aus Holz, oder aus mit Lehm angeworfenem Flechtwerke, das hohe Dach ist mit Schindeln gedeckt; Rauchfänge sind selten. An das Wohngebäude schließt meist der niedrige, verjauchte Stall an.

Im Gebirge sind die Wohnhäuser in der Regel noch primitiver. Sie enthalten dort nur einen einzigen Raum, der von Menschen und Vieh gemeinsam benützt wird.

Wirtschaftsgebäude kommen sehr selten vor. Die Straßen-Wirtshäuser (Hans) können bis 100 Mann und 30 Pferde aufnehmen.

Die Orte sind selten geschlossen. Man findet meist weit auseinanderliegende Weiler und Gehöfte. Nur in den Flachlands-Partien kommen zusammenhängende Orte vor. Die Ortschaften haben sehr unregelmäßige, enge, schmutzige Gassen. Häufig findet man Reste alter Umfassungsmauern und Castelle. Die vielen Gärten geben den Orten eine große Ausdehnung. Infolge dessen und wegen der feuergefährlichen Bauart eignen sich dieselben wenig zur Vertheidigung. In jüngster Zeit vollzieht sich in den größeren Städten eine merkliche Veränderung (moderne Häuser, breitere Straßen etc.).

Die Unterkunftsverhältnisse sind ungünstig. Die meisten Häuser — besonders im Süden des Landes und außerhalb der Städte — eignen sich nicht für Cantonierungen. Die Stallungen sind für Militärpferde fast durchaus unbrauchbar.

Bedeutendere Orte: Sarajevo 38.000, Banjaluka 13.600, Dl. Tuzla 10.200, Bjelina 9300, Tešanj 6700, Travnik, Brčka je 6000, B. Gradiška, Dervent je 5400, Priedor, Livno je 5000 Einw.

Staatsrechtliches Verhältnis.

Das staatsrechtliche Verhältnis der Länder Bosnien und Hercegovina wurde durch den Berliner Vertrag vom 13. Juli 1878 bestimmt. Die bezüglichen Stellen des Vertrages lauten:

Artikel XXV: „Die Provinzen Bosnien und Hercegovina werden von Österreich-Ungarn besetzt und verwaltet werden. Da die österreichisch-ungarische Regierung nicht wünscht, die Verwaltung des

Sandšaks von Novibazar, welches sich zwischen Serbien und Montenegro in südöstlicher Richtung bis über Mitrovica hinaus erstreckt, auf
sich zu nehmen, wird die ottomanische Verwaltung dort weiter in
Wirksamkeit verbleiben. Nichtsdestoweniger behält sich Österreich-
Ungarn, um die Aufrechterhaltung des neuen politischen Zustandes,
ebenso wie die Freiheit und Sicherheit der Communicationswege zu
sichern, das Recht vor, im ganzen Umfange dieses Theiles des ehemaligen Vilajets von Bosnien Garnisonen zu halten und militärische
sowie Handelsstraßen zu besitzen.

Zu diesem Zwecke behalten sich die Regierungen von Österreich-Ungarn und der Türkei eine weitere Verständigung über die
Details vor."

Artikel XXVII bestimmt die neuen Grenzen Montenegros (Ein-
verleibung von Theilen des ehemaligen Vilajets Bosnien).

Statistische Angaben.

Bevölkerung.

Die Bevölkerungsdichte beträgt 20—40, im bosnischen
centralen Höhenzuge 0—20 Einw. per km^2.

Die Bewohner gehören nahezu ganz dem serbo-croatischen Stamme
der Slaven an.

Die römisch-katholischen Serbo-Croaten (20%) be-
wohnen vorwiegend den südwestlichen Theil des Landes. Sie sind arm,
geistig vernachlässigt, beschäftigen sich nahezu nur mit Ackerbau und
Viehzucht, zumeist als Kmeten (Erbpächter), seltener als freie Bauern;
die Katholiken stellen willige, gehorsame, körperlich abgehärtete, sittenstrenge Soldaten.

Die griechisch-orientalischen Serbo-Croaten (43%)
bewohnen vorwiegend den Nordwesten, den Nordosten und Südosten.
Der Serbe ist von Nationalitätsgefühl durchdrungen, selbstbewusst,
trotzigen Sinnes, schlau, misstrauisch; er hat ein besonderes Talent für
den Handel und übertrifft an Pfiffigkeit selbst den Juden. Die wohl-
habenden Geschäftsleute in den Städten und die Popen spielen in
politischer Beziehung eine große Rolle; erstere haben als Gläubiger der
meist arg verschuldeten Landbevölkerung großen Einfluss; die Popen
stehen mit wenigen Ausnahmen auf einer niedrigen Bildungsstufe. Die
Griechisch-Orientalen stellen schöne, kräftige, abgehärtete und sehr
findige Soldaten.

Die mohamedanischen Serbo-Croaten (37%) sind über das ganze Land verbreitet und bewohnen besonders die großen Städte; in überwiegender Zahl kommen sie im äußersten Nordwesten und im Kreise Sarajevo vor. Sie zeigen Stolz und Herrschsucht, sind aber sittenstrenge, sehr nüchtern und begabt. Die mohamedanischen Großgrundbesitzer (Begs) besitzen den größten Theil des Bodens; die Masse der Mohamedaner besteht zum Theile aus freien Bauern, großentheils aus armen Dienstleuten. Die Städter treiben gerne Handel, sind aber wenig rührig und werden jetzt durch eingewanderte Juden verdrängt. Die Mohamedaner stellen kräftige Soldaten.

Die Juden bilden der Zahl nach (kaum 1%) einen unbedeutenden, in socialer Beziehung aber wesentlichen Bestandtheil der Bevölkerung und nehmen durch Einwanderung, und zwar zumeist aus Ungarn, alljährlich an Zahl zu. Die einheimischen Juden (Spaniolen) sprechen ein mit Hebräisch gemischtes Spanisch und ähneln in Kleidung und Sitten sehr den Mohamedanern.

Ressourcen.

Bosnien produciert nur in der Viehzucht über den Bedarf. Der Feldbau gibt zwar in einzelnen Gegenden einen Überschuss, große Gebiete müssen jedoch Feldfrüchte einführen. Die Industrie ist noch kaum nennenswert. Diese Verhältnisse sind vor allem durch die Bodenplastik, die herrschende primitive Cultur und die geringe Dichte der Bevölkerung bedingt. Das productionsreichste Gebiet ist die fruchtbare Save-Niederung.

Feldfrüchte: In der Posavina, am Vrbas und an der Bosna wird viel Weizen, in allen anderen der Feldcultur zugeführten Theilen zumeist Mais und Gerste gebaut. Das Mehl ist von grober Qualität und reicht für den eigenen Bedarf nicht aus. Die landesüblichen, primitiven Mühlen sind bedeutungslos; moderne Mühlen sind in Banjaluka, Bjelina, Klašnica, Maglaj, Travnik vorhanden; Bäckereien nach europäischer Art sind selten, nur in den größeren Städten anzutreffen. Das landesübliche Brot besteht meist aus ungesäuertem Teige und ist nur im warmen Zustande gut zu genießen. In den größeren Garnisonsorten befinden sich sehr leistungsfähige Militär-Bäckereien.

Der Fleischbedarf wird zumeist im Lande beschafft werden können. Die Rindviehzucht steht noch auf einer niedrigen Stufe. Das Hornvieh ist Sommer und Winter hindurch nahezu immer im Freien. Ställe sind selten; die Thiere sind sehr klein. Schafe und Ziegen kommen in großer Zahl vor und sind guter Qualität; die neueren Gesetze schränken die Zucht der Ziegen stetig ein. Die Schweinezucht ist im Aufblühen begriffen, in der Posavina schon jetzt bedeutend.

T r i n k w a s s e r mangelt nur in den Karststrichen; im allgemeinen ist das östliche und südliche Bosnien wasserreich. In der Posavina ist das Wasser (Überschwemmungen) vielfach ungesund. Wein wird nur in unbedeutenden Quantitäten (Banjaluka, Travnik) erzeugt, Bierbrauereien sind nur in Banjaluka, Dl. Tuzla und Sarajevo vorhanden. Brantwein (Pflaumen) wird von der Bevölkerung an vielen Orten, aber in geringer Quantität erzeugt.

Bosnien ist arm an H a f e r (die einheimischen Pferde erhalten — wenn überhaupt Hartfutter — Gerste). H e u wird in großen Mengen, aber meist von schlechter Qualität gewonnen. Es gibt viele vorzügliche H o c h w e i d e n, auf welchen im Sommer große Mengen Vieh aufgetrieben werden. Auf die Gewinnung von S t r o h wird noch immer wenig Wert gelegt, Gerstenstroh wird mit Vorliebe als Futter verwendet.

B r e n n h o l z ist überall zu finden. Bosnien besitzt reiche Braunkohlenlager (Banjaluka, Dl. Tuzla, Sarajevo, Travnik, Zenica, Žepče etc.).

Befestigungen.

Im Occupationsgebiete wurden seit 1878 Befestigungen gebaut, welche den dortigen Verhältnissen entsprechend, einen besonderen Charakter tragen. (Siehe Seite 45.)

Weiters finden sich im Occupationsgebiete sehr viele, aber meist verfallene ä l t e r e B e f e s t i g u n g e n (Sperren, Castelle, Schlösser). Die größeren bestehen gewöhnlich aus dicken freistehenden Umfassungs-Mauern, welche aber kaum zu vertheidigen sind (Rondenwege verfallen, Thore fehlen etc.). Innerhalb der Umfassung liegen gewöhnlich gemauerte Blockhäuser, welche gegenwärtig zum Theile als Truppen-Unterkünfte und Magazine verwendet werden. Außer diesen größeren Anlagen finden sich noch viele von den Türken erbaute Karaulen (Kulas, Cardak, Wachhäuser). Dieselben waren für Posten von 6—40 Mann bestimmt; sie sind in der Regel einstöckig, aus Blockwänden oder aus Stein erbaut, mit Schießscharten (auch Maschikulis) versehen. Die Karaulen liegen sowohl entlang der Grenzen, als auch an wichtigen Communicationen, sowie an den Hauptzugängen der Städte.

Schließlich wären die C o r d o n s p o s t e n an der montenegrinischen Grenze zu erwähnen. Sie sollen die Grenze so absperren, dass der Verkehr über diese nur an wenigen hiefür bestimmten Punkten stattfinden kann; die Posten dienen daher hauptsächlich für die Durchführung der Grenzpolizei. Die Gebäude sind meist primitiver Natur, von den Truppen hergestellt, mit wenigen Ausnahmen kaum vertheidigungsfähig.

VII

Serbien.

Bodengestaltung.

a) Gliederung.

Serbien wird vorwiegend von einem stark verzweigten M i t t e l - g e b i r g e bedeckt; bloß im Nordwesten kommen Berg- und Flach- land, größere Niederungen nur an der Save, Donau, Morava vor.

Die breite M o r a v a - D e p r e s s i o n (Furche der südlichen und großen Morava) zerlegt Serbien in zwei Abschnitte. In W e s t - S e r b i e n erfolgt eine allmähliche Abstufung des Gebirges zur Donau, die Streichrichtung geht gegen SO.; in O s t - S e r b i e n weist das Gebirge, die Fortsetzung des Banater Gebirges bildend, die verschieden- artigsten Streichrichtungen und viel Karst auf.

b) Das westserbische Gebirge.

S ü d l i c h d e r w e s t l i c h e n M o r a v a streicht an der türk.-serbischen Grenze ein 900—1300 m hoher, vom Ibar durchbrochener Mittelgebirgs- zug, aus welchem im Westen schroff abfallende, stellenweise verkarstete Alpenplateaux (Tara-, Zlatibor pl., 1100—1500 m), dann auch theilweise Alpengebirge (Javor-, Kopaonik pl., 1400—2100 m) emporragen. Die Abfälle gegen Süd sind steil, gegen Nord sendet der Hauptzug hohe Mittelgebirgsausläufer. Der ganze Complex ist stark bewaldet, un- wegsam und wenig bewohnt.

N ö r d l i c h d e r w e s t l i c h e n M o r a v a breitet sich ein langgestreckter, 700—1000 m hoher, dicht bewaldeter Mittelgebirgszug (P o v l j e n, R u d n i k, J u g o r pl.) aus, der steile Formen, mindere Wegsamkeit und etwas Karstboden aufweist. An das Mittelgebirge schließt sich ein bewaldetes, 100—400 m hohes Bergland an, welches, das große Becken der Kolubara umgebend, sich gegen Drina, Save und Donau verflacht. Nur bei Lešnica, östlich der Kolubara-Mündung, und in der Gegend von Belgrad tritt das Gebirge mit scharf markierten Abfällen bis knapp an die Flusslinien heran.

c) Das ostserbische Gebirge.

Zwischen der M o r a v a u n d d e m T i m o k breitet sich südlich bis zur N i š a v a ein 600—1000 m hohes, schwer gangbares Mittelgebirge; vielfache Karstplateaux (Podgoračke-, Rtanj pl.), steile Abfälle, Felspartien und Wassermangel sind charakteristisch.

Ö s t l i c h d e s T i m o k und der N i š a v a streicht der 1600 bis 2100 m hohe, theilweise ungangbare Hochgebirgszug des West-Balkans mit schroffem, felsigem Abfalle zu den genannten Tiefenlinien; die Einsattlungen liegen über 1000 m.

Ö s t l i c h d e r s ü d l i c h e n M o r a v a zieht das serbisch-bulgarische Grenzgebirge, welches theilweise in die Alpengebirgsregion reicht, 1400—1900 m hoch, hin: der Abfall gegen W. ist ziemlich flach, gegen O. steil; die Einsattlungen liegen über 1000 m; der gegen Niš streichende Ausläufer (Suva pl.) ist ein 1600—1800 m hoher Hochgebirgsrücken.

d) Flachlandsgebiete

Größere Niederungen und Becken finden sich nur an der Save, Donau, dann an der Morava vor (siehe „Gewässer").

Bodenkruste und Bedeckung.

Als oberste B o d e n k r u s t e herrscht zumeist lehmige, sehr fruchtbare Erde vor. Selbst kurze Regen durchweichen diese Erde und erschweren das Fortkommen; ein kurz andauerndes schönes Wetter lässt aber bereits den Boden trocknen.

An W e i c h l a n d s t r e c k e n sind hervorzuheben:

a) Die Mačva-Sümpfe östlich der Drina-Mündung im Save-Buge, nach Ablauf der Hochwässer trocknet ein großer Theil des Sumpfes aus und bildet dann ein äußerst fruchtbares Ackerland.

b) Die Sümpfe an der Kolubara und ihren Zuflüssen sind in der trockenen Zeit passierbar.

c) An der Donau ist das Anland einen großen Theil des Jahres hindurch vielfach versumpft.

d) Die Morava-Sümpfe (abwärts Svilajnac), meist rechts des Flusses, werden nur im Hochsommer nach anhaltender Trockenheit an mehreren Stellen passierbar.

e) Der Njegotiner Sumpf ist tief und trocknet niemals aus.

B o d e n b e d e c k u n g. Massenhafter, uncultivierter Wald (vorherrschend Laubholz) bedeckt die höheren Partien, in den flacheren Gebieten ist der Wald vielfach parcelliert.

Die niedrigeren Partien des Landes weisen Feldcultur auf. In den ebenen Theilen finden sich zahlreiche Baumgruppen und Waldparcellen zwischen den Feldern; letztere sind in der Regel von schwächeren Flechtzäunen eingefasst. Wiesen sind auf den Thalsohlen häufig und in der Regel nass. Im höheren Gebirge, namentlich an der Südgrenze des Landes sind die Obertheile der Erhebungen mit ausgedehnten Alpenweiden bedeckt. Weingärten kommen überall bis zu einer absoluten Höhe von 500 *m* vor, die Reben werden an Stöcken gezogen, in den Weingärten sind meistens Obstbäume gepflanzt, so dass die Bewegung wesentlich erschwert wird.

Gewässer.

Bloß die D o n a u und die S a v e sind nach Wassermasse bedeutend, die übrigen Gewässer nur nach Thalbeschaffenheit oder im Flachlande wegen des nassen Anlandes.

Donau siehe Behelf „Nordöstlicher Kriegsschauplatz".

Save (abwärts der Drina-Mündung). Grund lehmig und sandig, Ufer brüchig, 2—10 *m* hoch, von Šabac an rechts dominierend. W a s s e r - m a s s e: $\frac{350-650}{3-10}$. 0·3—1. Hochwässer treten nach der Schneeschmelze ein und erzeugen ausgedehnte Überschwemmungen. Eiserne Eisenbahn-Brücke bei Semlin (neutrales Object). Die Überbrückung erfordert 10—19 Equipagen. Veränderliche Furten kommen nur zur Zeit des niedersten Wasserstandes bei Rača, Šabac, Skela vor. Günstige Übergangsstellen von links nach rechts: Rača, Mitrowitz, Jarak, Šabac, Belgrad; beiderseits: Progar, Ostružnica.

Die Save wird mit Dampfschiffen und mit Lastschiffen bis 80 *t* (stromauf Pferdezug) befahren; das veränderliche Flussbett und das Niederwasser im Sommer und Herbste sind der Schiffahrt abträglich.

Das linksseitige A n l a n d, die sirmische Ebene, enthält einen höheren, trockenen und gut cultivirten Theil, der gegen Osten von Slankamen bis Semlin mit einem bis 40 *m* hohen, steilen Rideau zur

Donau abfällt. Der niedere, südliche Theil besteht im Gebiete des Bić und Bosut, dann abwärts Jarak vornehmlich aus ausgedehnten Eichenwaldungen, meist auf nassem oder sumpfigem Boden Sumpf-Charakter hat das rechtsseitige Anland nur in der Mačva, an der Kolubara-Mündung und in geringer Ausdehnung an jenen wenigen Stellen, wo nicht die Ausläufer des Gebirges unmittelbar an die Save herantreten; der Boden ist meist sehr gut cultiviert.

Drina, siehe Seite 62.

Kolubara. $\frac{15-60}{0\cdot3-1\cdot2}$, vielfach furtbar. An und für sich unbedeutend, bildet sie im Vereine mit einigen schlammigen Nebenflüssen ein ziemlich bedeutendes Hindernis, das jedoch bei anhaltend trockener Witterung größtentheils gangbar wird.

Morava. Die südliche (binačka) und westliche (golijska) Morava je $\frac{50-130}{1-3}$, die große (velika) Morava $\frac{150-230}{1-3}$, 3—5 Equipagen. Alle drei sind stellenweise furtbar. Bemerkenswert die fruchtbaren, durch Defiléen geschiedenen Becken von Vranja, Leskovac, Niš, Aleksinac an der südlichen, das Becken von Požega und das breite fruchtbare Thal abwärts Čačak an der westlichen, endlich das 1—2 Märsche breite flache Anland der großen Morava; die Thalsohle der letzteren ist von Svilajnac an mit dichten Auen und zahlreichen Sumpfstreifen bedeckt, welche nur bei andauernder Trockenheit passierbar werden.

Timok. $\frac{15-60}{1-2\cdot5}$. Er fließt zwischen hohen, steilen Ufern bis Bregovo, wo er in die — bei Njegotin versumpfte — Niederung der Donau tritt. Bei Knjaževac und unterhalb der Thalenge von Vratarnica wird das Thal von niederem Berglande begleitet. Abwärts Zaječar bloß stellenweise furtbar.

Klimatische und sanitäre Verhältnisse.

Das Klima ist im allgemeinen continental. Das Flachland im nördlichen Theile des Landes hat heiße, trockene Sommer, oft andauernde Dürre. Die höheren Gebirge haben rauhe, schneereiche Winter und liegt in einzelnen Partien der Schnee bis zum Juni. Die schönste Jahreszeit von anhaltender Dauer pflegt in der Regel in September und October zu fallen; die größte Hitze herrscht im Juli und August. Rasche, bedeutende Temperaturwechsel sind nicht selten.

Anhaltende, manchmal 3—4 Wochen dauernde Landregen sind im April und Spätherbste regelmäßig.

Die sanitären Verhältnisse sind minder günstig. In den versumpften Flussniederungen herrschen Wechselfieber; die erbliche Syphilis ist im Lande überaus verbreitet; die Krätze kann als eine specifisch serbische Volkskrankheit angesehen werden.

Verkehrsmittel.

I. Transportmittel.

Im allgemeinen steht der W a g e n im Gebrauche; im Süden des Landes herrscht das Tragthier als Transportmittel vor.

Das landesübliche T r a n s p o r t f u h r w e r k ist meist ein vierrädriger plumper Leiterwagen, der 6—10 q (im Gebirge kaum 3 q) Ladung trägt und in den Flachländern mit Pferden, sonst mit Ochsen bespannt ist. Zweirädrige Karren mit 2—3 q Tragvermögen und Ochsen- oder Büffelbespannung (auch einspännig) sind gleichfalls häufig. Als Zugthiere dienen in der Posavina vorwiegend Pferde (mittleren Schlages), sonst werden größtentheils Ochsen (kleinen Schlages), in der Timok-Gegend und in Südserbien auch Büffel (größer) verwendet.

Die T r a g t h i e r e sind kleine Pferde (wie im Occupationsgebiete), sehr ausdauernd und sicheren Trittes; die Traglast beträgt 70—100 kg.

2. Eisenbahnen.

Das Eisenbahnnetz ist mäßig entwickelt (550 km Länge), die Linien sind normalspurig und eingeleisig, der Zustand muss in jeder Beziehung als ein guter bezeichnet werden. Die Maximal-Leistungsfähigkeit beträgt 11/70achsige Züge. *)

An Hauptbahnen bestehen bloß die Linien Belgrad, Niš, Caribrod und Niš, Vranja, Raistovac.

Projectierte Bahn: Turn Severin (oder Radujevac), Niš, Kuršumlija, Priština.

3. Straßen und Wege.

Das Communicationsnetz Serbiens ist verhältnismäßig dicht. Die Regierung wendet der Erweiterung und Verbesserung desselben große Aufmerksamkeit zu.

---

*) Im Spätherbste 1885 während des Aufmarsches verkehrten zwischen Belgrad und Niš täglich höchstens 6 Züge (in einer Richtung).

Es bestehen: *a*) Haupt- oder Kreisstraßen, *b*) Bezirksstraßen, *c*) gebahnte Fahrwege, *d*) Feld- und Dorfwege, *e*) Saum- und Fußwege.

Ad a) und *b*). Die Straßen sind größtentheils nicht kunstgerecht angelegt, 5—10 *m* breit, im allgemeinen gut, jedoch mit einem für eine andauernde Beanspruchung zu schwachen Grundbau; im Gebirge kommen starke Steigungen und scharfe Serpentinen vor. Brücken sind selten, in der Regel Holzbauten. Mit Rücksicht auf die beschränkten Mittel begnügte man sich, zunächst eine möglichst große Zahl, wenn auch minderwertiger Communicationen herzustellen. Bei der ersten Anlage wurde die Tracierung und die Herstellung schwieriger Objecte durch Fachleute bewirkt, alles andere jedoch durch die Einwohner nach und nach ausgeführt; dermalen werden diese Straßen einer Verbesserung unterzogen. Im allgemeinen sind die Haupt- und Kreisstraßen unseren „Landstraßen“, die Bezirksstraßen unseren „erhaltenen Fahrwegen“ gleichzuhalten.

Ad c). Die gebahnten Fahrwege dürften unseren „nicht erhaltenen“ Fahrwegen entsprechen. Sie sind für leichtes Fuhrwerk ziemlich gut benützbar; nur die schlechtesten Stellen werden zeitweilig ausgebessert. Die Breite beträgt 2—10 *m*. Brücken sind äußerst selten.

Ad d). Die Feld- und Dorfwege entsprechen unseren Karrenwegen. In den lehmigen Niederungen ist ihre Benützbarkeit vollständig von den Witterungsverhältnissen abhängig; die Schneeschmelze, die ausgiebigen Frühjahrs- und Herbstregen verwandeln den Weg in eine zähe, morastige, kaum passierbare Masse. Im Gebirge haben diese Wege oft bedeutende Steilen und sind häufig hohlwegartig eingeschnitten.

Ad e). Die Saumwege sind 0·5—3 *m* breit. In erdigen Strecken sind sie bei nassem Wetter schwer benützbar; Kaldrmas (schlechte türkische Pflasterstraßen) sind selten. Ein großer Theil der mehr begangenen Saumwege könnte für Feldgeschütz und leichtes Fuhrwerk ohne besondere Schwierigkeiten practicabel gemacht werden. Fußwege sind selten.

Das Straßennetz ist besonders in dem gut cultivierten Nordwesten (Drina, Valjevo, Kragujevac, Belgrad) und im Morava-Thale gut entwickelt. Im Raume östlich der Morava und im gebirgigen Südwesten sind Straßen selten und führen hier auch Fahrwege nur in den wichtigeren Richtungen. Karren- und Saumwege sind überall in größerer Zahl vorhanden.

Schiffahrt.

Dampfschiffahrt findet auf der Save-Donau statt. Ruder-schiffe werden auf der Save-Donau immer seltener. Auf der Drina verkehren von Ljubovija abwärts flache Ruderschiffe; auf der Morava sind solche nur höchst selten anzutreffen.

Die bedeutendsten Verkehrs-Gesellschaften sind: die Erste k. k. priv. Donau-Dampfschiffahrts-Gesellschaft, welche gegenwärtig noch fast den gesammten Verkehr auf der Donau und Save (ca. 200 Dampfer, 860 Schlepper) besorgt; die ung. Strom- und Seeschiffahrts-Actien-Gesellschaft (41 Dampfer, 250 Schlepper); die serbische Dampfschiffahrts - Gesellschaft (4 Dampfer, 30 Schlepper, 9 Pontons; 2 Dampfer im Bau); die russische Donau-Schwarze Meer-Dampfschiffahrts-Gesellschaft Gagarin & Co (10 Dampfer, 30 Schlepper), hat seitens der serbischen Regierung die Bewilligung, in den serbischen Uferstationen anzulegen (verkehrt bis Belgrad).

Unterkunftsverhältnisse.

In Serbien enthalten die Städte und Märkte zumeist eine größere Zahl solider Gebäude und sind im allgemeinen für den Truppenbelag gut geeignet.

Die Dörfer im Flachlande und in der Ebene bestehen aus weit zerstreuten Häusern und Gehöften. Es gibt darunter viele neugebaute, mit Ziegeln gedeckte Häuser. Zumeist besitzen aber die Bauernhäuser mit Lehm angeworfene Flechtwerkswände und Schindeldächer. Die Stallungen sind primitiv. Die Dörfer sind somit für die Unterkunft minder geeignet. — Im Gebirge sind die Verhältnisse noch schlechter.

Die an den Straßen bestehenden Einkehrhäuser (Mehanas, Hans) bieten Unterkunft für 50—200 M. und 10—100 Pferde. Meierhöfe (čiftlik) kommen nur in Süd-Serbien vor (Unterkunft für 100 bis 200 Mann und einige Pferde). Die meist aus Stein erbauten und geräumigen Klöster eignen sich gut für Spitalzwecke oder als Magazine: sie sind ihrer festen Bauart wegen in einem gewissen Grade vertheidigungsfähig.

Größere Orte: Belgrad 59.000 Einw., Kragujevac, Leskovac, Požarevac, Pirot, Šabac, Vranja 10.000—13.000, Smederevo, Užice, Kruševac, Valjevo, Zaječar, Aleksinac 6000—7000.

Statistische Angaben.

Staatliche Organisation.

Die Staatsform des Königreiches Serbien ist die erbliche constitutionelle Monarchie. Das Land ist in 15 Kreise, diese in 72 Bezirke eingetheilt, welch letztere in Gemeindebezirke zerfallen; die Gemeinden spielen in der inneren Verwaltung eine große Rolle.

Die größeren europäischen Staaten *) sind in Serbien durch Gesandtschaften vertreten; österreichisch-ungarische Consulate bestehen in Belgrad, Niš, Consular-Agentien in Šabac und Radujevac.

Bevölkerung.

Die Bevölkerung gehört der Majorität (90 %) nach dem serbischen Stamme an, der in jeder Beziehung der herrschende ist. Den Südosten des Landes, hauptsächlich östlich der Linie Zaječar, Niš, Vranja bewohnen Bulgaren; im Nordosten nächst der Donau sind Rumänen angesiedelt. Zinzaren (rumänischer Abstammung), Zigeuner und Juden sind im ganzen Lande zerstreut.

. Die Bevölkerungsdichte beträgt in den Flachlandsgebieten 60, sonst 35—40 Einw. per km^2. Fast die gesammte Bevölkerung bekennt sich zur griechisch-orientalischen Kirche.

Ressourcen.

Die Hauptproducte sind jene der Bodencultur und der Viehzucht: zur Ausfuhr gelangen Rindvieh, Schweine, Weizen, Mais. Eine Requisition von Verpflegsartikeln wäre in den flacheren fruchtbaren Landestheilen recht ergiebig.

Das Rindvieh ist von mittlerem Schlage; Schafe und Ziegen sind nicht mehr sehr stark verbreitet, hingegen bilden Schweine das Hauptobject der Viehzucht.

Das Trinkwasser ist in den Niederungen von minderer, sonst aber von guter Qualität; wasserarm sind nur die verkarsteten Gebirgspartien im Südwesten und Osten des Landes; die Weinproduction ist in den Landstrichen an der Donau ziemlich bedeutend. Bier und Brantwein wird in ziemlichen Mengen erzeugt.

Als Futter dienen vorwiegend Gerste, Gersten- und Maisstroh; Hafer wird nur in geringen Quantitäten erlangbar sein. Wiesen und Weideplätze sind sehr zahlreich; auch kann zumeist auf Heuvorräthe in der Nähe der Ansiedlungen gerechnet werden.

---

*) Außer diesen unterhalten auch die Vereinigten Staaten von Nordamerika einen Gesandten.

Befestigungen.

a) Im allgemeinen.

Permanente Befestigungen, welche den neueren Principien entsprechen, bestehen nicht. In den letzten Jahren wurden aber Pirot und Zajeéar nach Art verschanzter Lager befestigt. Niš ist als verschanztes Lager im Ausbau begriffen. Die Werke bestehen meist aus starken Erdlunetten (Aufzug ca. 4·5 m. Graben 4—8 m breit, 4 m tief) mit Hohlbauten.

Die älteren permanenten Befestigungen stammen aus der Zeit der altserbischen, österreichischen und türkischen Herrschaft. Sie werden größtentheils nicht erhalten.

Feld-Befestigungen — ältere und neuere — finden sich an vielen Stellen; manche wurden wiederholt benützt. Die bedeutendsten sind jene von Aleksinac, welche die Stadt in einer Entfernung bis zu 1·1 km umgeben.

Für die ähnlich der russischen organisierten Grenzwache werden längs der Grenze kleine vertheidigungsfähige Unterkünfte (Karaulen) erbaut.

b) Befestigungen an der Donau.

Belgrad, schlecht erhaltene Depotfestung. Die Landeshauptstadt liegt auf der wichtigen Verkehrslinie Budapest—Constantinopel, bezw. Saloniki, an der Mündung der Save in die Donau, welche jederzeit bedeutende Hindernisse bilden. Die Save ist südwestlich der Stadt überbrückt (450 m lange Eisenbahnbrücke, durch den Berliner Vertrag von 1878 neutral erklärt).

Die Befestigung (1718—1739 von den Österreichern erbaut) besteht aus der oberen und der unteren Festung; freistehende sichtbare Mauern sind vorherrschend, die Anlagen verwahrlost, mit geringer Widerstandskraft, ohne Armierung, modernen Angriffsmitteln nicht gewachsen. Die Festung beeinflusst immerhin eine gewisse Save- und Donaustrecke und verhindert die Schiffahrt.

Die obere Festung liegt auf einem Plateau, das die Save-Donau um ca. 50 m überhöht. Der sturmfreie Wall ist mit Außenwerken versehen, im Süden durch die vorgelegene Stadt maskiert.

Die nahe am Ufer gelegene untere Festung hat eine Umfassung aus freistehenden Mauern mit alten Thürmen und enthält mehrere Militär-Gebäude. Östlich und südlich der Stadt bestehen —

etwa 1·5 *km* entfernt — noch Reste der Eugen'schen Linien, Laudonov šanac genannt, ca. 5·3 *km* lang.

Smederevo (Semendria), altes, ausgedehntes Castell (erbaut 1432), mit 6 *m* hoher, von 24 Flankierungsthürmen unterbrochener Umfassungsmauer und 6 *m* tiefem trockenem Graben. Das nicht armierte, verfallene, von den Hügeln im Südwesten eingesehene Castell ist nicht vertheidigungsfähig.

Kladovo, Depotfestung, mit bastionierter Umfassung und Reduit, in schlechtem Bauzustande. Die von den südwestlich auf 1 *km* gelegenen Rideaux eingesehene Befestigung besitzt keinen militärischen Wert.

c) Befestigungen an der Ostfront.

Zaječar, verschanztes Lager am Timok, 37 *km* Umfang, zahlreiche neue Erdwerke und mehrere alte feldmäßige Anlagen.

Pirot, verschanztes Lager an der Nišava, 30 *km* Umfang, einige neue Erdwerke, dann altes großes Castell und zahlreiche ältere Schanzen.

Niš, als verschanztes Lager an der Nišava im Ausbau begriffen, Knotenpunkt wichtiger Verkehrslinien. Einige Erdwerke fertig, einzelne Werke noch projectiert, nach Ausbau wird der Umfang ca. 50 *km* betragen. Ältere Anlagen: 1 Citadelle (enthält zahlreiche Militärgebäude, hat aber fortificatorisch keinen Wert) und zahlreiche Feldbefestigungen.

Bela Palanka. Castell an der Nišava zwischen Pirot und Niš, halb verfallen.

d) Projectierte Befestigungen.

Kragujevac, welches eine Waffenfabrik und zahlreiche sonstige militärische Etablissements enthält, soll seinerzeit als verschanztes Lager befestigt werden.

Für Požarevac, Kujaževac, Njegotin und Vranja sollen feldmäßige Verstärkungen geplant sein.

VIII

Vilajet Kosovo, Albanien und Macedonien.

Bodengestaltung und Bodenbedeckung.

a) Gliederung.

Nach Bodengestaltung ergeben sich folgende Abschnitte:

Das Gebiet zwischen D r i n a, T a r a, I b a r und U v a c, welches vorwiegend von einem hohen Mittelgebirge erfüllt ist;

die C e n t r a l b e c k e n (Metoja, Kosovo polje, Gilan) am Drini barz (Beli Drim), an der Sitnica und am Oberlaufe der südlichen Morava, mit ihren hohen Gebirgsumrandungen;

das stark verkarstete, vielfach in die Hochgebirgsregion ragende Gebiet des S k a r d u s und P i n d o s zwischen dem Adriatischen Meere und dem Vardar, endlich

der vorherrschend mit bewaldetem Mittelgebirge bedeckte Raum zwischen dem V a r d a r u n d d e r S t r u m a.

G r ö ß e r e F l a c h l a n d s g e b i e t e kommen bloß in den Central-becken, am oberen und unteren Vardar und im Raume Ohrida, Kastoria, Ostrovo, Monastir vor.

b) Gebirgsland zwischen Tara und Ibar.

Dieses Gebirgsland besteht aus einem 1000—1600 m hohen, zerklüfteten, schluchtenreichen Mittelgebirge (Ljubična-, Gradina-, Kruševica planina), dessen Obertheile meist mit Karstweiden bedeckt, dessen steile Hänge theilweise bewaldet sind. Bemerkenswert ist die 1200—1600 m hohe, zerklüftete Rogozna, über welche die Haupt-verbindung Novipazar, Mitrovica führt. Das ganze Gebiet ist — mit Ausnahme der kleinen Flachlandspartien bei Plevlje, Novipazar, Mitro-vica — schwer gangbar.

6

c) Die Centralbecken und ihre Umrandungen.

Die Metoja, das Kosovo polje und die Gegend von Gilan stellen 3 durch ein reichverzweigtes, wegsames Mittelgebirge getrennte, 400 bis 700 m hohe, gangbare Hochflächen dar, die allseits von höheren Gebirgen umrandet sind. Diese Randgebirge werden vom Drin, Ibar, Lepenac und von der südlichen Morava schluchtartig durchbrochen.

Der Nordrand wird durch das 1800—2200 m hohe, meist ungangbare nordalbanesische Alpengebirge gebildet. Dieses umzieht das Becken von Plava und setzt sich jenseits der tiefen Einsenkung bei Ipek als Žljeb und Mokra gora bis zum Becken von Mitrovica fort. Während der am Südhange stark bewaldete Žljeb (1500—2100 m) noch Hochgebirgscharakter trägt, sinkt die östliche Fortsetzung zu 1300—1500 m hohem Mittelgebirge herab.

Die albanesischen Alpen senden zahlreiche Ausläufer gegen Süden zum Drin, und bilden diese den westlichen Abschluss der Metoja.

Der Südrand der Metoja wird durch die theilweise ungangbare, felsige Hochgebirgsgruppe der Šar planina (2000—2300 m) bezeichnet. Das jenseits der Lepenac-Schlucht sich erhebende, ziemlich gangbare, dicht bewaldete Mittelgebirge des Kara dag (1000—1500 m) füllt den Raum bis zur südlichen Morava und zur Einsenkung von Kumanova (400 bis 500 m) aus. An den Morava-Quellen steht es mit jenen niederen Ausläufern des serbischen Grenzgebirges (Goljak planina) in Verbindung, welche die östliche Umrandung des Kosovo polje bilden.

Die Metoja besteht aus den Becken von Ipek und Prizren und dem dazwischen liegenden, gut cultivierten Hügellande „Podrima". Die Becken sind von zahlreichen, auch tiefen Thalrinnen durchzogen, nächst diesen besser cultiviert, sonst mit Hutweiden bedeckt. Das Kosovo polje wird durch das Thal der Sitnica und dessen Einfassung gebildet. Es ist im allgemeinen wenig cultiviert und bevölkert.

d) Das Gebirgsland zwischen dem Adriatischen Meere und der Struma.

Der Raum zwischen dem Adriatischen Meere und der Tiefenlinie Drini zi (Črni Drin), Ohrida See, Konica, Arta wird von einem gegen Süden streichenden, 1300—1500 m hohen, vielfach verkarsteten, theilweise ungangbaren Gebirge erfüllt, welches in seinem mittleren Theile bis in die Hochgebirgsregion (2000—2200 m) reicht. Der nördliche zusammenhängende Theil führt den Namen Ghegen-Gebirge, die südliche, in mehrere Gruppen zerfallende Partie wird als

Tosken-Gebirge bezeichnet. Es stuft sich zwischen den weit hinein-
reichenden Thälern der Küstenflüsse allmählich zur Küstenebene ab.

Zwischen der vorbezeichneten Tiefenlinie und dem
Vardar breitet sich ein 1300—1800 m hohes, vielfach verkarstetes
und theilweise ungangbares Gebirgsland aus, dessen höherer westlicher
Theil als Skardus-Gebirge die Begrenzung des großen macedonischen
Beckens bildet. Es beginnt am Beli-Drim als Šar planina und streicht,
vielfach in die Alpenregion reichend, einerseits bis an den Umbug der
Vistrica, andererseits als Pindos-Gebirge bis zum Gebirgsstocke von
Mecovon (das von dort längs der Vistrica abzweigende türkisch-griechische
Grenzgebirge bildet den südlichen Abschluss des macedonischen Beckens).
Der östliche Theil der Gebirge bis zum Vardar bildet einen breiten,
von der Crna und Vistrica durchbrochenen Mittelgebirgscomplex (1300
bis 1700 m), der vom Becken von Kalkandelen bis zum Olympos reicht.

Charakteristisch für die vorgenannten Gebirge sind die innerhalb
derselben eingelagerten, zahlreichen fruchtbaren Becken, welche durch
niedere Einsattlungen in Verbindung stehen; die Becken von Kalkandelen,
Monastir, Prespa, Kastoria, Ostrovo, dann die Küstenebene von Saloniki
sind für den Zug der großen Verkehrswege maßgebend gewesen.

Der östliche Theil des macedonischen Beckens zwischen Vardar
und Struma wird östlich Skoplje von der wasserarmen Hochfläche
des Ovče polje und vom Hochgebirge der Osigova planina (1800 bis
2300 m, vielfach ungangbar), dann weiter südlich von vorherrschend
bewaldeten Mittelgebirgsgruppen ausgefüllt, die sich gegen Süden ab-
stufen. Die einzelnen Gruppen sind durch sehr breite Thalfurchen und
Becken getrennt und stehen mit den Erhebungen auf der chalkidischen
Halbinsel in Verbindung.

Ein Theil der Küstenebenen, das Flachland und die Beckensohlen
weisen Feldbau (bis 900 m) und Wiesen auf. Hutweiden, meist mit
Gestrüpp bestanden, bedecken den größten Theil des Landes (im Hochgebirge Alpenweiden, in den niederen Theilen Folge der Ausholzung).

Hochwald findet sich theilweise im adriatischen Küstengebiete
und in den Gebirgsgegenden. In den bevölkerten Landstrichen hat die
Entholzung große Fortschritte gemacht, dort herrscht Holzmangel.

In ganz Macedonien wird viel Wein (bis 900 m Höhe) gebaut;
der Weinstock wird niedrig gezogen. Reisfelder finden sich in den
südlicheren Landestheilen auf den Thal- und Beckensohlen in großer
Ausdehnung vor.

Die Gangbarkeit ist im Gebirge außerhalb der großen Becken meist sehr beschränkt. In den Becken und im Flachlande können größere Körper aller Waffen verwendet werden.

Gewässer.

Auf den Plateaulandschaften und in den Becken des Vilajets Kosovo entspringen mehrere der Donau und dem Meere zuströmende Flüsse, die Wasserscheide wird durch niedere Erhebungen gebildet.

Die Gewässer sind infolge der meist hohen, steilen Hänge bedeutende Hindernisse, welche gewöhnlich nur in den Becken überschritten werden können. Innerhalb der Thäler kommen größere Becken mit dazwischen liegenden Defiléen vor. Die wechselvolle Thalbeschaffenheit, das verwilderte Bett lässt keine leistungsfähige Schiffahrt aufkommen.

a) Die Tara. Siehe Seite 50.

b) Die Čehotina betritt, aus einem engen Felsenthale (Wände 300 *m*) kommend, bei Plevlje ein geräumiges, fruchtbares Becken; abwärts bilden dicht bewaldete Höhen die Thalbegleitung. $\frac{10-50}{0\cdot3-3}$. Es bestehen einige Brücken und viele Furten.

c) Der Lim durchströmt im Oberlaufe das 800 *m* hohe Seebecken von Plava und tritt dann in eine enge Felsschlucht bis Berane. Abwärts weist das enge Mittelgebirgsthal nur bei Berane, Bijelopolje und Prijepolje nennenswerte Erweiterungen, dagegen viele unzugängliche Stellen auf. $\frac{20-130}{1-2}$. Im Sommer vielfach durchwatbar. Brücken bestehen zwischen Plava und Berane 5, dann bei Bijelopolje und Prijepolje.

Der Uvac, Grenzfluss gegen Serbien. $\frac{10-50}{1-1\cdot2}$; hat im Sjeničko polje flache, sonst hohe felsige Ufer; Brücken bestehen nur bei Sjenica und Uvac (Militärstation).

d) Der Ibar durchfließt bis Mitrovica ein sehr enges, tief eingeschnittenes Thal, bei Rožaj besteht eine gut cultivierte Thalweite, eine kleinere ferner bei Mitrovica. Abwärts Mitrovica ist das Thal noch vorwiegend enge, aber von Berg- und Hügelland gebildet, häufig kleine Weitungen aufweisend. $\frac{45-60}{1-3}$, reißend. Brücken bestehen nur bei Rožaj, Ribarić und Mitrovica. Bei Niederwasser soll der Fluss meist furtbar sein.

e) Der Drini barҳ (Beli Drim) von südwestlich Prizren an; der Drini zi (Črni Drin) und der Drin durchfließen meist enge Durchbruchsthäler; erstere zwei sind $\frac{15-45}{0\cdot5-1}$, letzterer $\frac{15-80}{0\cdot5-5}$.

f) Der Vardar durchfließt wiederholt Felsdeféléen und weist sein Thal nur bei Skoplje und nächst der Mündung größere Erweiterungen auf; $\frac{30-200}{1-3}$, bloß stellenweise furtbar.

g) Die Struma. $\frac{30-180}{1-1\cdot5}$, nur selten durchwatbar. Felsdeféléen wechseln mit Becken ab.

Die adriatische Küste ist zwischen der Drin-Mündung und Valona flach, von Lagunen und Dünen begleitet; weiter südlich ist die Küste steil. Gute Häfen sind sehr selten.

Die ägäische Küste ist an den Flussmündungen flach und auch sumpfig, sonst vorwiegend steil. Saloniki hat einen guten geräumigen Hafen.

Klimatische und sanitäre Verhältnisse.

Das Klima ist im Innern continental, in den Küstengebieten gemäßigt.

Das Frühjahr, im März (in den hochgelegenen Gebieten April und Mai) beginnend, ist regnerisch; im Tara-Ibar-Gebiete tritt im Mai regelmäßig ein Spätwinter mit starkem Schneefall auf.

Der Sommer ist, mit Ausnahme der hohen Gebirgsgegenden, sehr heiß und trocken; die Getreideernte findet Ende Juni statt. Dem hohen Gebirge, dann dem Tara-Ibar-Gebiete und den Centralbecken sind bedeutende Temperaturschwankungen, selbst im Sommer, eigen; dort sind im allgemeinen die Nächte sehr kühl.

Der Herbst weist im Norden andauernde Regenzeiten auf, welche gegen Süden nach und nach in den Winter übergehen.

Der Winter ist im nördlichen Gebiete strenge, mit starken Schneefällen. Nächst der Küste gedeihen immergrüne Gewächse und die Baumwollpflanze.

Die Gesundheitsverhältnisse sind im großen ganzen günstig; in einzelnen Niederungen herrschen Fieber, jedoch von minderer Intensität; bösartig sind die Fieber in der albanesischen Küstenebene.

86

Verkehrsmittel.

I. Transportmittel.

Das Tragthier ist überall das gebräuchliche Transportmittel.
Es stehen vornehmlich Tragpferde in Verwendung; nur an der Küste
und án der griechischen Grenze häufig Esel, zwischen Monastir-
Saloniki auch Kameele. Über die Leistungsfähigkeit etc. der Tragthiere
gilt das im Abschnitte „Hercegovina" und „Montenegro" Erwähnte.
Kameele tragen bis 250 kg und legen in einem Tage 20—25 km
zurück.

Fuhrwerke finden sich in geringer Zahl nur in den ebenen
Landstrichen und an den seltenen besseren Communicationen vor. Die
Lastwagen sind meist mit Ochsen oder Büffeln, die Personenwagen mit
Pferden bespannt. Letztere Fuhrwerke sind leichte Leiterwagen mit
Dach. Die Lastwagen sind plump, primitiv gebaut und entweder vier-
rädrig (Ebene) oder zweirädrig (im Gebirge); sie laden 5—6 q.

2. Eisenbahnen.

Es bestehen die eingeleisigen, normalspurigen Linien: Mitro-
vica—Saloniki, Vranja—Skoplje und Monastir—Saloniki.
Die Leistungsfähigkeit ist minder $\left(\frac{5-10}{60} \text{achsige Züge täglich}\right)$, der
Friedensverkehr sehr gering.

Projecte: Priština, Prizren, Scutari, S. Giovanni di Medua (Fortsetzung der Linie von Turn Severin, Niš etc.); — Küstendil, Skoplje; —
Monastir, Elbasan, Durazzo (Elbasan—Valona); — Monastir, Joannina.

3. Straßen und Wege.

Alles, was in der Türkei bezüglich Neuherstellung und Erhaltung
der Communicationen geschieht, hängt von den persönlichen An-
schauungen und Neigungen des betreffenden Vali (oder Mutesarif) ab.
Ein großes Hindernis ist die beständige Geldnoth. Gewöhnlich werden
Straßenbauten nur ausgeführt, wenn sich zwingende äußere Einflüsse
geltend machen.

Straßen müssen in der Türkei solche Communicationen genannt
werden, welche in ihrer allgemeinen Anlage die Bedingungen für einen
andauernden Verkehr mit Fuhrwerken besitzen, diese Eigenschaften
aber — durch den Mangel jeder Erhaltung — theilweise und selbst
vollständig verlieren. Die „türkische Straße" bezeichnet somit nur die

relativ beste Communication im betreffenden Raume und jene Verbindung, welche am leichtesten auszubessern wäre.

Die Breite wechselt zwischen 5 und 10 m. Die Steigungen sind oft sehr bedeutend, die Krümmungen manchmal sehr scharf; wo irgend möglich, wird die gerade Richtung eingehalten. Die Straßen besitzen meist Pflastergrundbau und Schotterdecke; da aber für die regelmäßige Erhaltung absolut gar nichts geschieht, so sind sie nur unmittelbar nach ihrer Vollendung klaglos benützbar. Durch die Tragthier-Karawanen bilden sich quer auf die Straßenachse Rinnen, welche in gleichen Entfernungen einander folgen; Stellen, wo die Grundpflasterung zutage tritt, sind häufig. Fuhrwerke und Tragthiere benützen dann die Straße nur an den Stellen, wo ein Abbiegen in das Nebenterrain absolut ausgeschlossen ist.

Brücken sind gewöhnlich sehr mangelhaft. Für die hölzernen Brücken ist gutes Bauholz wegen der fortschreitenden Waldverwüstung in der Umgebung der Hauptlinien schwierig zu erhalten, es muss daher meist schwaches und kurzes Holz, für den Belag nur Prügelholz und selbst Reisig mit einer Erdschichte verwendet werden. Die steinernen Brücken sind in der Regel noch schlechter; eine Ausnahme bilden nur die aus alter Zeit stammenden Brücken, welche aber häufig für den Wagenverkehr zu steil geböscht sind.

Um solche „türkische Straßen" in verlässliche fahrbare Linien umzuwandeln, wäre eine Correctur der Trace nur an wenigen Stellen nöthig, dagegen meist eine durchgehende und ergiebige Schotterung und die Neuherstellung der Brücken erforderlich.

Die von den k. u. k. Truppen im Sandžak Plevlje gebauten Straßen sind vorzüglich angelegt und werden in tadellosem Zustande erhalten.

Fahrbare Naturwege finden sich in den flacheren Gebieten dieselben sind mit unseren Fahr- und Karrenwegen zu vergleichen.

Die Saumwege sind sehr zahlreich (mit Ausnahme des Hochgebirges); sie sind weder richtig angelegt, noch gut erhalten. Die Passierbarkeit wird nicht selten durch gefährliche, dann schmale oder versumpfte Stellen erschwert. Die öfters vorkommenden Pflasterungen über nasse Strecken (Kaldrma) sind in der Regel mehr hinderlich als vom Vortheile. Kleine Gewässer werden durchfurtet; Brücken und Überfuhren sind nur mit Vorsicht zu benützen. Auf Saumwegen kann Infanterie nur einzeln marschieren; Cavallerie muss oft absitzen, kann aber in ebenen Strecken oft stundenlang traben; Gebirgs-Artillerie kommt überall fort.

Über Reichhaltigkeit und Zug der Communicationen wäre zu erwähnen:

a) Da die meisten Thäler den Charakter bedeutender Marschhindernisse haben, so führen die Hauptcommunicationen — im allgemeinen auf dem kürzesten Wege — zu den wenigen bestehenden Übergängen; dies sind naturgemäß auch Vereinigungspunkte vieler Communicationen.

b) In die Centralbecken führen bessere Communicationen: 1. aus Bosnien: die Route Višegrad, Militär-Station Bjelobrdo (809 *m*), Mitrovica, Priština (bis Priboj Straße, dann türkische Etapenlinie = 2—5 *m* breiter Fahrweg) und die Route Goražda, Metalka-Sattel (1388 *m*), Plevlje (oder die guten Reitwege: Foča, Humsko, Metalka-Sattel; Foča, Čelebić, Plevlje), Prijepolje, Sjenica, Rožaj, Ipek, Prizren (bis Plevlje Straße, bis Sjenica Fahr- und Karrenweg, dann verhältnismäßig guter Saumweg); der directe Saumweg Plevlje, Bijelopolje, Rožaj weist schwierige Passagen auf. 2. Vom Küstenstrich Scutari—Alessio führen mindere Saumwege über Fjerza, Spaš, Küküs nach Djakova und Prizren, welche große Schwierigkeiten in den Felsenthälern des Drin und seiner Zuflüsse finden.

c) Die Centralbecken sind ziemlich wegsam.

d) Die Communicationen aus den Centralbecken nach Saloniki weichen dem schluchtartigen Vardar-Thale aus. Die besten Routen sind: Fahr- und Karrenweg Priština, Gilan, Kumanova, Štiplje, Saloniki. Fahr- und Karrenweg Priština, Lepenac-Schlucht, Skoplje, Köprülü, Prilep, dann Straße Monastir, Ostrovo, Saloniki. Saumweg Prizren, Šar pl. (Einsattlung ca. 1500 *m*), Kalkandelen, Gostivar, dann Straße nach Monastir.

Unterkunftsverhältnisse.

Die Bauernhäuser der mohamedanischen Slaven sind aus Holz oder Bruchstein erbaut, einstöckig; jene der christlichen Slaven werden aus Holz, Luftziegeln gebaut und mit Stroh bedeckt, die Gebäude sind meist ebenerdig und enthalten in der Regel nur zwei Räume. Der Albanese liebt unverputzte Bruchstein-Mauern und deckt womöglich mit Schindeln ein; die Häuser der sesshaften Stämme sind meist einstöckig, solider hergestellt, mit Schießscharten versehen, vertheidigungsfähig hergerichtet; die nomadisierenden Bergstämme wohnen in elenden niederen Hütten.

Die Wohnsitze der Begs oder Agas, welche als Grundbesitzer auf dem Lande wohnen, bilden gewöhnlich eine Gruppe von Gebäuden aus solidem Mauerwerk; in der Regel ist auch ein hoher, viereckiger, vertheidigungsfähiger Thurm (Kula) verhanden.

Die Stadthäuser sind im ganzen besser gebaut, geräumiger, enthalten in den Erdgeschoßen Kaufläden, im oberen Stockwerke die Wohnräume.

Das Einkehrhaus (han, locanda) ist gewöhnlich ein weitläufiges Gebäude, liegt immer in der Nähe einer Wasserstelle und enthält nennenswerte Unterkunftsräume für Mann und Pferd.

Die Džamija (mohamedanisches Bethaus) ist meist aus behauenem Sand- oder Kalkstein sehr solid und geräumig erbaut, in der Regel vertheidigungsfähig und sowohl als Magazin als zum Mannschaftsbelage geeignet. Nahezu immer kann bei einer Džamija auf das Vorhandensein fließenden Trinkwassers gerechnet werden.

Die Dörfer im Hoch- und Mittelgebirge liegen meist auf schwer zugänglichen Abflachungen und Rücken in Weiler zerstreut. In tieferen Partien werden die Dörfer zusammenhängender. Die von slavischen Christen bewohnten Dörfer sehen ärmer und elender aus, als jene der Mohamedaner und der Albanesen.

Die Städte und Märkte bestehen aus schmutzigen, engen, winkeligen Gassen. Da jede Familie ein eigenes Haus bewohnt und außerdem Hof und Garten besitzt, nimmt eine türkische Stadt einen unverhältnismäßig großen Flächenraum ein. Den Kern der Stadt bildet der Bazar, ein Complex von Kaufläden, seltener eine gemauerte Markthalle. Sowohl innerhalb als außerhalb einer mohamedanischen Stadt dehnen sich große Friedhöfe aus. Holzmangel in der Umgebung der Städte ist typisch.

Bedeutendere Ortschaften: Saloniki 150.000 Einw., Monastir 50.000, Prizren 40.000, Joannina, Priština, Djakova, Seres, Skoplje je 20.000—30.000, Ipek, Novavaroš, Novipazar je 10.000 bis 15.000, Plevlje 7000, Mitrovica, Prijepolje. Sjenica je 2000—3000.*)

Statistische Angaben.

Staatliche Organisation.

Die Staatsform der Türkei ist die der „uneingeschränkten Monarchie". Das Staatsgebiet ist in Vilajets (selbständige Provinzen)

---

*) Türkische Besatzungen sind in: Plevlje, Prijepolje, Berane, Novavaroš, Sjenica, Novipazar, Mitrovica, Gilan, Priština, Djakova, Ipek, Prizren etc.

eingetheilt, an deren Spitze ein Generalgouverneur, der V a l i (Statthalter), steht. Das Vilajet zerfällt in S a n d ž a k s (Kreise), welche von einem M u t e s a r i f verwaltet werden. Ein Sandžak besteht aus Bezirken (K a z a s) mit Kajmakams an der Spitze. N a h i e n sind Gebietstheile mit mehr als 500 Einw., welche von einem Mudir verwaltet werden; sie unterstehen einer Kaza oder direct dem Mutesarif.

Zu einer Kaza (Nahie) gehören mehrere Dorfgruppen (D ž e m a t e n), welche nach unseren Begriffen einen Kirchsprengel ausmachen. Die Vertretung eines Dorfes geschieht durch den Muktar (Gemeindevorstand, in christlichen Orten heißt er Knez).

Der beschriebene Raum gehört den V i l a j e t s Kosovo (Hauptort Priština, Sandžaks Plevlje, Novipazar, Priština, Ipek und Skoplje), Monastir, Scutari, Joannina und Saloniki an.

Österreich-Ungarn unterhält je ein General-Consulat in Scutari, Joannina, Saloniki; je ein Consulat in Prizren (hier auch ein russisches Consulat), Durazzo, Monastir, je ein Vice-Consulat in Valona, Prevesa, Seres, Kavala. Der k. u. k. Civilcommissär zu Plevlje ist politischer Referent des k. u. k. Brigade-Commandos.

S t a a t s r e c h t l i c h e   B e s t i m m u n g e n   f ü r   d a s   S a n d ž a k
N o v i p a z a r.

a) B e r l i n e r V e r t r a g vom J a h r e 1878, Art. 25, siehe S. 66.

b) C o n v e n t i o n v o m J a h r e 1879 zwischen Österreich-Ungarn und der Türkei.

A r t. 8: „Die Anwesenheit der österreichisch-ungarischen Truppen im Sandžak von Novipazar wird in keiner Weise die Thätigkeit der administrativen, judiciellen und finanziellen ottomanischen Behörden aller Art behindern, welche wie bisher unter den ausschließlichen und directen Befehlen der hohen Pforte fortgesetzt werden wird.“

A r t. 9: „Wenn die hohe Pforte wünschen sollte, reguläre Truppen auch an jenen Punkten des Sandžaks von Novipazar beizubehalten, wo die österreichisch-ungarischen Truppen garnisonieren, so wird dies unbehindert geschehen können. Die beiderseitigen Truppen werden, was ihre Stärke, die militärischen Vortheile und die Freiheit ihrer Bewegung anbelangt, vollkommen gleichgehalten sein. Im ganzen Bereiche des Sandžaks Novipazar verpflichtet sich die hohe Pforte, keine irregulären Truppen zu halten.“

A r t. 10: „Es ist jedoch selbstverständlich, dass das Recht Österreich-Ungarns, an jenen Punkten, wo sich Garnisonen befinden werden nach Bedarf der Umstände eine genügende Zahl von Truppen zu halten, durch diese Bestimmungen nicht beeinträchtigt werden soll."

c) A n h a n g z u r C o n v e n t i o n:

„Es wird verabredet, dass unter den bestehenden Verhältnissen die österreichisch-ungarische Regierung unter Vorbehalt aller aus dem Art. 25 des Berliner Vertrages sich ergebenden Rechte, die Absicht hat, nur auf drei am Lim und zwischen Serbien und Montenegro gelegenen Punkten Garnisonen zu halten. Diese Punkte werden sein: P r i b o j, P r j e p o l j e und B j e l o p o l j e. Die Stärke der für diese Punkten bestimmten Garnisonen wird vorläufig die Zahl von 4000 bis 5000 Mann nicht überschreiten. Wenn infolge eintretender Umstände sich die Nothwendigkeit ergeben sollte, Garnisonen auch auf anderen Punkten zu halten, so wird beiderseits im Sinne des Art. 7 vorgegangen werden (p. d. ohne weitere diplomatische Verhandlung), ausgenommen, wenn die österreichische Regierung die Absicht hätte, Truppen auf den Höhen von Rogožna zu postieren, in welchem Falle die directe Verständigung mit der hohen Pforte zu erfolgen hat."

d) Statt Bjelopolje wurde P l e v l j e besetzt.

e) Eine im Jahre 1880 festgesetzte D e m a r c a t i o n s l i n i e zieht nördlich von Priboj über Banja nach Prijepolje (freie Benützung der Communicationen am rechten Lim-Ufer zwischen Priboj und Prijpolje den k. und k. Truppen gewahrt), dann am linken Lim-Ufer nach Motaruge und über Isvesd, Dragaši und Plješevina an die bosnisch-türkische Grenze.

B e v ö l k e r u n g.

Die Bevölkerung in dem ganzen beschriebenen Raume dürfte rund 3,250.000 betragen; auf 1 km^2 entfallen 20—30 Einw.

Die m o h a m e d a n i s c h e n S e r b e n (Turci) bilden im Gebiete zwischen Tara, Lim, Ibar das politisch und moralisch dominierende Element; die g r i e c h i s c h - o r i e n t a l i s c h e n S e r b e n (Srbi) bewohnen meist das flache Land dieses Gebietes und spielen gegenüber den ersteren eine untergeordnete Rolle.

Die A l b a n e s e n (Arnauti, Arbanasi) herrschen in den Centralbecken vor, weiters bewohnen sie den Raum zwischen der adriatischen Küste und der Linie Skoplje, Monastir, Kailar, Argyrokastron; sie bekennen sich vorherrschend zum Islam, dann theils zur römisch-katholischen Kirche (im Norden), theils zum griechisch-orientalischen Glauben (im Süden). Die Albanesen zerfallen in viele kleine Stämme, welche die türkische Oberherrschaft nur in sehr beschränktem Maße anerkennen.

Die Bulgaren (Bugari) bewohnen in geschlossener Masse die Gebiete nächst der Ober- und Mittelläufe des Vardar, der Struma und Mesta. An den Abfällen der Rhodope und im Mesta-Thale kommen mohamedanische Bulgaren (Pomaken) vor, der übrige, weitaus größere Theil bekennt sich zur griechisch-orientalischen Religion.

Ein breiter Gebietsstreifen nördlich der griechischen Grenze und an der ägäischen Küste wird von Griechen bewohnt.

Osmanli sind in Städten, dann bei Skoplje und zwischen Vardar und Struma in größerer Zahl vorhanden. Zinzaren (Gogen, Wlachen, Rumänen), Zigeuner, Tscherkessen und Spaniolen (Juden) sind über das ganze Land zerstreut (in Saloniki $^2/_3$ der Bevölkerung Juden).

Sprachen: Türkisch ist Amts- und Kanzleisprache. Im Taralbar-Gebiete herrscht die serbische, in den Centralbecken und in Albanien (besonders im Norden)¸ die albanesische, in Macedonien (mit Ausnahme des Südens) die bulgarische, endlich an der Küste des Ägäischen Meeres die griechische Sprache vor.

Ressourcen.

Haupterwerbsquellen der Bevölkerung sind Ackerbau und Viehzucht.

Der Ackerbau wird in wenig rationeller Weise betrieben und bleibt viel fruchtbarer Boden unbenützt. Eine halbwegs ergiebige Requisition von Feldfrüchten ist nur in den Centralbecken, dann im fruchtbaren macedonischen Becken denkbar.

Unter den Feldfrüchten nimmt der Mais (Hauptnahrung der Bevölkerung) den ersten Rang ein; diesem zunächst werden Weizen, Bohnen und Gerste (diese vielfach als Pferdefutter) angebaut. Wenig Hafer und Heu, viele Weiden und Alpenwiesen. Reisfelder kommen im Vardar-Thale und an der albanesischen Küste in größerer Ausdehnung vor.

In den gebirgigen Landestheilen wird vornehmlich Viehzucht betrieben; der Viehstand (besonders Schafe und Ziegen) ist groß. Während das Vieh in Macedonien in besserer Qualität vorhanden ist, steht in den nördlichen Landstrichen die Viehzucht auf einer sehr niederen Stufe. Bei großer Dürre und in strengen Wintern geht viel Vieh (besonders in den albanesischen Alpen) wegen Futtermangel zugrunde. Bezüglich Aufbringung von Schlachtvieh muss darauf hingewiesen werden, dass ein Verbergen desselben in den unzugänglicheren Gebirgstheilen voraussichtlich ist.

Vielfacher Trinkwassermangel; Weincultur wird in den flacheren Theilen viel betrieben.

Holz ist zwar in den ausgedehnten Waldungen im Überflusse vorhanden, dagegen herrscht auf den Beckensohlen, längs der Communicationen, besonders aber in der Nähe der Städte empfindlicher Holzmangel.

Befestigungen.

Außer einigen Gruppen von Feldbefestigungen kommen in diesem Raume bloß altartige, meist verfallene Sperren und Castelle vor. Diese bestehen gewöhnlich aus dicken, freistehenden Mauern, oder aus gemauerten Blockhäusern. Außerdem finden sich im ganzen Lande zahlreiche Kulen oder Karaulen (Wachhäuser, aus Blockwänden oder Stein), u. zw. entlang der Grenzen, der wichtigeren Communicationen und an den Hauptzugängen der Städte, sowie in Nordalbanien.

Banja, hölzernes Blockhaus am Lim, südöstlich Priboj.

Plevlje, je eine von den k. und k. Truppen und den Türken besetzte Redoute.

Novavaroš, verschanztes Lager (15 km Umfang); Communicationsknoten, sonst ohne politische oder commercielle Bedeutung. Die Terrainverhältnisse sind für die Vertheidigung besonders günstig. Die Befestigung besteht aus einem Gürtel von mehreren, 1878 erbauten Redouten, welche nicht erhalten werden sollen.

Sjenica, verschanztes Lager (18 km Umfang); seit der Occupation Bosniens politischer und militärischer Schwerpunkt des Tara-Ibar-Gebietes. Ein altes Castell, dann mehrere Redouten und Schanzen bilden die Befestigung.

Pometenik, Wegsperre an der Etapenstraße zwischen Sjenica und Novipazar aus einer Kula (Reduit) und einigen Erdwerken bestehend, ohne fortificatorischen Wert.

Novipazar, verschanztes Lager (13 km Umfang); Communicationsknoten; enthält eine massiv gebaute Defensionskaserne, ein Castell (Magazin) und einen Gürtel von einigen Redouten. Im neuen Arsenale werden etwa 150 alte Geschütze aufbewahrt.

Gradina, Thalsperre am Lim (nordwestlich Berane); alte ausgedehnte Bergveste mit zwei erhaltenen, einer verfallenen Kula.

Berane, Brückenkopf am Lim (6 km Umfang); beim Orte eine große Defensionskaserne (bestehend aus mehreren Kulen mit Verbindungslinien), im Umkreise einzelne solid gemauerte Kulen.

Bistrica Pejs-Klause bei Ipek, bestehend aus 1 gemauerten Blockhaus, 1 Vertheidigungsgallerie im Felshange und 1 vertheidigungsfähigen Kloster.

Plava, altes, festes Castell.

Sočanica, Thalsperre am Ibar nördlich Mitrovica, aus 1 Redoute und kleinen Schanzen bestehend, 1877 erbaut, ziemlich im Stand gehalten, schützt die Bahnkopfstation Mitrovica gegen Serbien.

Prizren, altes ausgedehntes Castell mit ansehnlichen — als Augmentations-Depots benützten — Unterkünften, dann Karaulen um die Stadt.

Skoplje altes, geräumiges Castell; Gürtel aus großen Erdwerken im Ausbaue.

Köprülü, neuerbaute Redouten.

Saloniki, alte Depotfestung. Alte freistehende, die ganze Stadt einschließende Umfassungsmauer mit einem Castell und einer größeren Bastion; an der Seeseite neu erbaut: das permanente Werk Mikra Point, das provisorische Werk Kara Burnu (21 cm Krupp-Geschütze). Minensperre: Vardar-Mündung—Kara Burnu.

Kavala, Castell.

Ohrida, verfallene Umfassungsmauern und Citadelle.

Mecovon, Passperre, in gutem, vertheidigungsfähigen Zustande.

Joannina, Depotfestung; Umfassungsmauer und bastionierte Citadelle; wenig erhalten.

Prevesa, alte (Venetianer-) Depotfestung, bestehend aus einer freistehenden Mauer als Umfassung, einer Citadelle und in neuester Zeit erbauten Redouten.

Scutari, großes, nicht erhaltenes Castell und 2 große Defensionskasernen.

Tuzi, verschanztes Gefechtsfeld zwischen dem Scutari-See und der Cijevna-Thalschlucht (größere Munitions- und Verpflegsdepots, Spital etc.), bestehend aus alten Erdwerken, dann aus neuen Kulen.

IX

Bulgarien und Ost-Rumelien.

Bodengestaltung und Bodenbedeckung.

Von der großen Tiefenlinie der Donau ausgehend, erstreckt sich zwischen dieser und ungefähr der Linie: Kula, Berkovica, Lovča, Šumla eine sehr einförmige Landschaft, das 200—400 m hohe bulgarische Flachland, welches meist Hochlandscharakter hat und mit einem schroffen, 30—150 m hohen Lehmabfall an der Donau endet. Auf dieser Terrasse sind im westlichen und mittleren Theile bis 200 m relativ hohe Hügelzüge aufgesetzt; in der mächtigen Lehmschichte und in dem Kalkstein-Untergrunde haben sich die stark gekrümmten Flüsse sehr tiefe und scharfgeränderte Thäler eingegraben. Östlich der Linie Rušcuk—Varna ist das Terrain fast ganz eben, der Kalkboden tritt zutage und es finden sich in dieser steppenartigen Zone fast gar keine Flussläufe vor.

An das Flachland schließen sich im Süden bis zur durchlaufenden 400—500 m hohen Depression Berkovica, Orhanije, Gabrovo, Osman Bazar, Šumla die nördlichen Balkan-Vorlagen, in der Gestalt isolierter Berglandsgruppen und Kalkplateaux an, die bis zu 1000 m Höhe erreichen. Durch diese Erhebungen fließen die im Balkan-Hauptzuge entspringenden Gewässer in sehr engen, oft von hohen Felswänden gebildeten Thälern. Der Abfall gegen Süd ist meist steil, felsig, gegen Norden in der Regel sanfter.

Der Hauptzug des Balkans beginnt im Westen südwestlich Kula und zieht bis zum Demirkapu (nördlich Sliven) als schmaler, geschlossener Mittelgebirgsrücken, vielfach in die Hochgebirgsregion reichend. Jenseits des Demirkapu theilt sich das niedriger werdende Gebirge in mehrere Äste. Der westlich des Isker-Durchbruches gelegene

Theil wird Westbalkan, der anschließende Abschnitt bis zum Demirkapu Centralbalkan, der Rest als Ostbalkan bezeichnet.

Der Westbalkan hat eine Höhe von 1600—2000 m, Sättel über
1000 m (bloß der Kadibogaz-Sattel 671 m), ist von Schluchten zerrissen, dicht bewaldet und fällt sehr steil ab. Der Centralbalkan
enthält im mittleren Theile (westlich des Šipka-P.) die unwegsamste
Partie (2000—2300 m. Sättel 1500—1700 m; Araba-Konak-P. 952 m.
Šipka-P. 1333 m); östlich des Šipka-P. ist der Centralbalkan 1000 bis
1400 m hoch. Die bewaldeten Nordabfälle sind im allgemeinen flach,
die meist felsigen kahlen Südabfälle steil. Der Ostbalkan besteht aus
mehreren, 500—1000 m hohen, breiten Zweigen; dichtes Laubholz.

Der Ost- und Centralbalkan und das Rhodope-Gebirge um-
schließen in einem weiten Bogen das ostrumelische (thrakische)
Becken, welches von der Marica und ihren Zuflüssen bewässert
wird. Ein langgestrecktes, mehrfach durchbrochenes, bewaldetes 600
bis 1500 m hohes Mittelgebirge und Bergland durchzieht Ostrumelien
(als Srednja gora, Karadža dag und Strandža dag) parallel zum Balkan-
Hauptzuge und zur Küste des Schwarzen Meeres. Die Abfälle gegen
Nord und zum Meere sind steil, gegen das große cultivierte Becken
von Philippopel übergeht das Gebirge in niederes Bergland. Zwischen
dem Mittelgebirge und dem Balkan ist eine Reihe von cultivierten
gangbaren Thalbecken (Zlatica, Karlovo, Kazanlik, Tvardica, Sliven)
eingelagert.

Das südwestliche Bulgarien ist von der Marica-Ebene
durch die Ihtimanski plan. (800—1200 m hohes Mittelgebirge) getrennt;
diese — vielfach zerrissen und steil abfallend — enthält mehrere, vom
Verkehre aufgesuchte Sättel und Einschnitte (Vakarel 822 m, Trajans-
pforte südöstlich Ihtiman 842 m etc.). Gegen Serbien und Macedonien
ist Südwest-Bulgarien gleichfalls durch einen Kranz von 1400—1800 m
hohen, steil abfallenden, stark verästeten Gebirgen abgeschlossen,
welche vom Sattel von Dragoman (721 m) ausgehen; die Obertheile
(im Gegensatze zu den bisher beschriebenen Erhebungen) sind meist
kahl. Inmitten dieses Gebietes (südlich Sofia) erhebt sich der steil
abfallende, kahle Gebirgsstock der Vitoša plan. (2285 m). Zwischen
den Erhebungen sind die Thalbecken des Isker bei Samokov und Sofia,
dann jene von Pernik, Izvor und Küstendil im Quellgebiete der Struma
eingebettet.

Das Rhodope-Gebirge trägt im nordwestlichen Theile Hochgebirgscharakter (2300—2500 m, Muss alla 2917 m). Gegen Osten

besteht die Rhodope aus einem sehr verzweigten Mittelgebirge (1000 bis 1600 m, gegen Osten 500—600 m); die Obertheile sind häufig breit, Weiden tragend, die Abfälle steil und zerrissen.

Die Bodenbedeckung besteht auf allen Erhebungen vorwiegend aus ungepflegtem Laubwalde. In Nordbulgarien sind große Flächen mit Gebüsch und Jungwald bestanden; in der Nähe der Ortschaften hat die Devastation der Wälder stellenweise Holzmangel hervorgerufen.

Feldbau kommt bis 1000 m Höhe vor und wird vornehmlich im nordbulgarischen Flachlande und in den Thalbecken betrieben. In Nordbulgarien, besonders in Rumelien, kommen Weingärten, in den Becken am Südfuße des Balkans ausgedehnte Rosenäcker vor.

Wiesen finden sich in den Thalsohlen und Becken; sie sind häufig (Donau-Gebiet) nass und kaum gangbar. Hutweiden kommen in sehr ausgedehnten Flächen vor und bilden die gangbarsten Partien; häufig sind sie mit niederem Gesträppe schütter bestanden; im südwestlichen Bulgarien herrschen magere, steinige Hutweiden vor. Der nordöstliche Theil des nordbulgarischen Flachlandes (gegen die Dobrudža) hat Steppencharakter.

Gewässer.

Die Donau, siehe „Nordöstlicher Kriegsschauplatz".

Nebenflüsse der Donau. Vom Süden her kommt der Donau eine größere Zahl von Flüssen zu, die dem Balkan entströmen; nur der größte derselben, der Isker, entspringt im Rhodope-Gebirge und durchbricht den Balkan-Hauptzug in einem engen Felsthale. Die übrigen Flüsse haben ihre Quellen nahe am Hauptkamme und daher im obersten Laufe enge, unwegsame Thäler. Beim Durchbruche durch die nördlichen Balkan-Vorlagen wechseln Schluchten mit Thalbecken. Innerhalb des westlichen und östlichen Theiles des nordbulgarischen Flachlandes sind die Thäler meist tiefe, enge Rinnen. Zwischen dem westlichen Lom und der Jantra sind die östlichen Thalhänge hoch (oft 200—300 m) und steil, während an der Westseite die sanften Abfälle einer breiten Thalsohle Raum geben; es dominieren daher fast immer die rechten Ufer. Durch Wassermasse bilden die südlichen Donau-Zuflüsse keine besonderen Hindernisse; Brücken (meist hölzerne) kommen an allen Flüssen zahlreich vor $\left(\text{Isker} \ \dfrac{40-80}{0\cdot8-2} \right)$. In dem steppen-

7

artigen Ostbulgarien haben die Flüsse gewöhnlich nur im Ober-
und Mittellaufe Wasser, im Unterlaufe verliert sich dasselbe.

Die Marica ist das bedeutendste Gewässer südlich des Balkans
$\left(\frac{50-270}{0.5-2},$ abwärts Philippopel undurchwatbar$\right)$. Westlich Sarambei tritt
der Fluss aus einem engen Gebirgsthale in das ausgedehnte, cultivierte,
gangbare Becken von Philippopel. Das weiterhin von Hügelgelände
begleitete Marica-Thal schließt sich unterhalb der Tundža-Mündung,
wo der Fluss eine Granitschwelle zu durchbrechen hat, bevor er in
das Becken von Adrianopel gelangt.

Die nördlichen Zuflüsse der Marica haben im obersten Laufe
Torrenten-Charakter, während sie nach dem Eintritte in die Ebene
(und in den Thalbecken) zwischen niederen, brüchigen Ufern fließen.
Nur die Tundža ist im Mittel- und Unterlaufe ein Hindernis. Die
südlichen, meist unbedeutenden Zuflüsse haben hohe, steile Ufer und
enge Thäler.

Die Struma $\left(\frac{15-100}{0.5-2}\right)$ gehört ihrem Oberlaufe nach zu
Bulgarien. Die Thäler des Hauptflusses, sowie der Nebengewässer
enthalten gangbare Thalbecken, auf welche meist schluchtartige Defiléen
folgen. Die Gewässer selbst sind Torrenten.

Die Küstenflüsse sind zumeist unbedeutend; nur der Provadi
und der vereinigte Kamčik enthalten größere Wassermengen, doch sind
auch diese an vielen Stellen furtbar.

Die Küste des Schwarzen Meeres ist vorwiegend steil, nur
in den Buchten von Varna und Burgas finden sich Küstenebenen (auch
Lagunenbildungen). Außer den genannten Buchten kommen keine
brauchbaren Häfen vor.

Klimatische und sanitäre Verhältnisse.

Das langgestreckte Balkangebirge bildet eine klimatische Scheide
zwischen Bulgarien und Ostrumelien. Ersteres ist den kalten, trockenen
Luftströmungen aus dem sarmatischen Tieflande ausgesetzt und hat
ein continentales Klima mit großer Differenz zwischen Sommer- und
Wintertemperatur. Das gegen Nord geschützte Ostrumelien hat hiedurch
und wegen der Nähe des Meeres ein milderes und gleichmäßigeres Klima.

Die sanitären Verhältnisse sind im allgemeinen günstig. Die
raschen Temperaturwechsel, die enorme Hitze im Sommer, das stellenweise schlechte oder ungenügende Trinkwasser erfordern Vorkehrungen.

Verkehrsmittel.

I. Transportmittel.

Das Tragthier ist das gebräuchlichste Transportmittel. Die Pferde sind klein, kräftig und ausdauernd. Ein Tragpferd wird im Flachlande mit 140—180 kg, im Gebirge mit 100—130 kg beladen. Vierräderige Büffelkarren (araba) werden neben den Tragthieren überall benützt. Diese Fuhrwerke sind plump, aus Holz verfertigt, tragen 3—5 q. Für den Personenverkehr bedienen sich die Eingeborenen sogenannter »taligas« (Zeiselwagen).

2. Eisenbahnen.

Die Bahnen sind normalspurig, eingeleisig. Der Oberbau ist solid gebaut, die Objecte sind seltener aus Stein und Eisen, häufiger aus Holzwerk hergestellt (die Brücken werden allmählich durch eiserne ersetzt). Die Stationsentfernungen wechseln zwischen 13 und 36 km. Die Bahnhöfe sind zumeist für 100achsige Züge geeignet.

Bulgarien besitzt 960 km Eisenbahnen, u. zw.:

a) Die durchlaufende Hauptlinie Caribrod, Mustafa-Paša.

b) Von dieser abzweigend die Linie Semenli, Burgas.

c) Die isolierte Bahnlinie Ruščuk (Überfuhr, keine Brücke), Varna.

Im Ausbaue begriffen sind die Strecken:

d) Sofia, Trnovo, Šumla, und

e) Sofia, Küstendil (mit projectierter Fortsetzung bis Skoplje).

3. Straßen und Wege.

Das Communicationsnetz ist ziemlich dicht, enthält aber größtentheils nur Naturwege. Für die Verbesserung der Communicationen geschieht sehr viel.

Die Straßen sind 5—7 m breit, als Schotterstraßen hergestellt, mit meist hölzernen, gut erhaltenen Brücken. Schottermaterial ist nur im Gebirge in ausreichender Menge vorbereitet. Die Erhaltung wird bloß an den Hauptlinien regelmäßig vorgenommen.

Erhaltene Fahrwege, 3—8 m breit, werden nur zeitweise ausgebessert. Brücken sind meist vernachlässigt, werden möglichst durch Furten umgangen.

Die Fahrwege werden im nordbulgarischen Flachlande, dann in den Beckensohlen bei nassem Wetter grundlos; das Fortkommen ist für Fuhrwerk dann fast unmöglich. Im Gebirge bilden die steilen Thalwände

Hindernisse. Man unterscheidet breite und schmale Fahrwege. Erstere, 4—5 m breit, besitzen Brücken, können unter günstigen Verhältnissen von leichtem Trainfuhrwerke benützt werden; diese Wege kommen im Flachlande vor. Auf den schmalen Fahrwegen (2—3 m breit) können nur Büffel- und Ochsenkarren fortkommen; Feldartillerie findet häufige Schwierigkeiten; Brücken fehlen; diese Wege kommen hauptsächlich in den Thälern vor.

Die Saumwege bilden im Gebirge ein dichtes Netz. Sie enthalten oft bedeutende Steilen, dann schmale oder versumpfte Stellen. Im Winter sind die Saumwege im höheren Gebirge durch mehrere Monate hindurch verschneit. Infanterie kommt in der Regel nur einzeln fort; Cavallerie kann häufig traben, muss aber andererseits oft absitzen; Gebirgsartillerie kommt immer fort.

Im Communicationsnetze möge als wichtig hervorgehoben werden:

a) die durchlaufende Straßenverbindung Pirot, Sofia (oder Kumanova, Küstendil, Sofia), Philippopel, Adrianopel;

b) die Verbindung Sofia, Kazanlik, Burgas, am Südfuße des Balkans theils als Straße, theils als Fahrweg führend;

c) beide Routen sind nur durch zwei Straßen (Philippopel nach Karlovo und nach Eski Zagra), sonst durch viele Fahrwege untereinander in Verbindung;

d) die Wege und Straßenstücke, welche am nördlichen Abfalle des Balkans von Berkovica über Lovča und Šumla die Verbindung bis zur Küste bei Varna herstellen;

e) die durchlaufende Verbindung an der Donau, die aber oft weitab vom Strome führt;

f) die Passagen über den Balkan (20 fahrbare, dann 100 Saumwege).

4. Schiffahrt.

Von den Gewässern ist nur die Donau ohne Hindernisse schiffbar; die Marica ist von Philippopel an flößbar.

Auf der Donau besorgt den Verkehr beinahe ausschließlich die Erste k. k. priv. Donau-Dampfschiffahrts-Gesellschaft (siehe bei Serbien und Rumänien). Die bulgarische, die rumänische, die Gagarin'sche russische Schiffahrts-Gesellschaft verfügen zusammen über ca. 50 Dampfer und 300 Schlepper. Ein großer Theil des Verkehrs wird durch Segelschiffe (120—160 t) besorgt. Die bulgarische Kriegsflotte besteht aus 4 Dampfern, 1 Torpedoaviso, 2 Torpedobarkassen, 8 Dampfbooten, 2 Transportfahrzeugen (2 Kanonenboote im Bau).

An der See besitzt Bulgarien nur die nennenswerten Rheden von Balčik, Varna und Burgas. Der Verkehr wird zu $^2/_3$ durch den österreichischen Lloyd, $^1/_3$ durch russische Schiffe bewirkt.

Unterkunftsverhältnisse.

Die Dörfer, welche meist den Typus von Gassendörfern tragen, bestehen aus primitiven Gebäuden, im Gebirge aus Holz, im Flachlande aus Flechtwerk und Lehm hergestellt, welche im Gebirge mit Schindeln, sonst mit Stroh (selten Hohlziegeln) gedeckt sind. Die Wirtschaftsgebäude sind beschränkt und elend, die Ställe speciell niedrig und verwahrlost. Die Belagsfähigkeit der Orte ist daher eine sehr geringe.

Die verhältnismäßig zahlreichen Städte haben zumeist auch festere und geräumigere Baulichkeiten. Es fehlt dort auch nirgends der türkische Bazar. Den natürlichen Bedingungen entsprechend, haben sich Reihen bedeutenderer Orte an der Donau, an den Nordausgängen der Balkan-Passagen, in den Thalbecken südlich dieses Gebirges und in der Marica-Ebene entwickelt. Einige wichtigere Orte: Sofia 47.000 Einw., Philippopel 36.000, Varna, Ruščuk 28.000, Šumla 23.000, Eski Zagra, Tatar Bazardžik, Pleven, Vidin je 16.000, Sistova, Vraca, Silistria, Kazanlik, Trnovo, Küstendil 13.000—10.000.

Statistische Angaben.

Staatliche Organisation.

Bulgarien ist ein autonomes Fürstenthum unter der Suzeränität der Pforte mit christlicher, constitutioneller Regierung. Ost-Rumelien — dem Namen nach eine Provinz des Osmanischen Reiches — ist thatsächlich politisch und administrativ mit Bulgarien vereint.

Bulgarien und Ost-Rumelien sind in Kreise (okrug), diese in Bezirke (okolija) eingetheilt, welche aus Gemeinden und selbständigen Stadtgebieten bestehen.

Österreich-Ungarn unterhält eine diplomatische Agentie in Sofia, General-Consulate in Sofia und Philippopel, Consulate in Ruščuk und Vidin, ein Vice-Consulat in Varna und eine Consular-Agentie in Burgas. Alle Großmächte, die benachbarten Kleinstaaten und Belgien sind in Bulgarien diplomatisch vertreten.

Bevölkerung.

Die überwiegende Mehrzahl der Bevölkerung gehört dem bulgarischen Stamme an, von dem Reste entfällt der größte Theil auf die Osmanli-Türken, welche im östlichen Theile Nord-Bulgariens, dann in Ost-Rumelien wohnen und deren Zahl sich durch Emigration allmählich vermindert. Die Bevölkerungsdichte beträgt 25—35 per km^2.

Die Bulgaren bekennen sich zur griechisch-orientalischen Religion, nur ein geringer Theil (die sogenannten Pomaken bei Pleven, Lovča, in der Rhodope) sind Mohamedaner.

Die Türken im nordöstlichen Bulgarien sind Grundbesitzer, in Rumelien betreiben sie in den Städten allerhand Gewerbe. Im nordwestlichen Bulgarien wohnen Rumänen, in den Küstenorten Griechen in größerer Zahl; Armenier, Zigenner und Juden (in Sofia 6000) sind im ganzen Lande vertheilt. Bei Vidin, Nikopol und Razgrad sind Tataren angesiedelt.

Die allgemeine Verkehrssprache ist die bulgarische.

Ressourcen.

Bulgarien und Ost-Rumelien sind Agriculturländer; der Boden ist besonders in Nord-Bulgarien sehr fruchtbar und liefert Überfluss an Getreide und Wein; durchschnittlich werden beinahe $2/3$ der Production ausgeführt.

In den gebirgigen Gegenden herrscht Viehzucht vor, die jedoch auf sehr niederer Stufe steht. Der Export ist beträchtlich.

Die Requisition kann somit bezüglich Cerealien, Getränken (Wein und Brantwein), sowie Schlachtvieh auf Erfolg rechnen.

An Hafer und Heu herrscht vielfach Mangel; Gerste und Maisstroh sind das gebräuchliche Futter. Weideplätze sind sehr häufig.

Trinkwasser mangelt im Hochsommer im nordbulgarischen Flachlande, besonders im Steppengebiete; Quellen sind daselbst selten, Göpelbrunnen sind die Regel (40—120 m tief, daher selten). Auch die Qualität des Wassers ist eine mindere.

Holzmangel an der Donau, am Schwarzen Meere und local in den Becken.

Befestigungen.

a) Altartige.

Die Türkei hatte Wert darauf gelegt, die Vertheidigungslinien Donau und Balkan zu verstärken und das Balkan-Vorland zu behaupten, auch gegen Landungen zu schützen. So entstanden und bestehen noch trotz des Berliner Vertrages, der die Schleifung anordnete:

Vidin, Depotfestung mit zwei 0·8 *km* hintereinanderliegenden Umfassungen der inneren Stadt und der Vorstädte (1885 nach sehr kurzer Vorbereitung erfolgreicher Widerstand gegen die Serben);

Nikopol, Depotfestung mit Citadelle, Hauptumfassung (schwach) und 7 Gürtelwerken (verfallen);

Rusčuk, Depotfestung mit starker bastionierter Umfassung, 12 Gürtelwerken aus Erde (einzelne in Stand gehalten);

Silistria, Depotfestung mit 4 Wasser- und 6 Landfronten, doppelte Reihe von Gürtelwerken (in schlechtem Zustande);

Šumla, Lagerfestung, schwaches Noyau, theilweise verfallene Gürtelwerke.

Die Befestigungen könnten relativ leicht in Vertheidigungszustand gesetzt werden; die Hauptschwierigkeit bereitet die Armierung (geringe Zahl von Festungsgeschützen, die meisten in Šumla vereint).

Außerdem finden sich zahlreiche, meist gemauerte aber sehr alte Castelle, die zwar in der Regel an militärisch wichtigen Punkten gelegen, aber in ihrem gegenwärtigen verfallenen Zustande nicht vertheidigungsfähig sind.

Im Kriege 1877/78 wurden an mehreren Punkten ausgedehnte Feldbefestigungen angelegt, welche aber heute ganz verfallen sind (Pleven, Šipka, Orhanije etc.).

b) Neubauten.

Als Baumaterial wird Erde verwendet, die Werke werden im feldmäßigen Stile angelegt.

Sofia, als verschanztes Lager (32 *km* Umfang) im Ausbau begriffen, einzelne Werke fertig.

Dragoman-Sattel durch Schanzen gesperrt (aus dem J. 1885).

Slivnica, verschanztes Lager (zahlreiche alte und neue Erdwerke).

Bielogradčik, verschanztes Lager, der alten türkischen in Stand gesetzten Befestigung (permanente Straßensperre) wurden einige Erdwerke vorgelegt.

Kula (Sommerübungslager zwischen Vidin und Zaječar) wurde durch feldmäßige Erdwerke als verschanztes Lager ausgebaut.

Trön und Vrabča, die Communicationen aus Serbien sind durch Schanzen gesperrt.

Varna, befestigter Hafen; Noyau, Gürtelwerke und Küsten-batterien alt; 3 Redouten im Bau, 1 Küstenbatterie modernisiert.

Burgas soll zu einem befestigten Hafen und verschanzten Lager ausgebaut werden.

Semenli, befestigte Stellung (Erdwerke vom J. 1885), gesicherter Marica-Übergang.

X

Der südöstliche Theil der europäischen Türkei.

Allgemeine Übersicht.

Der vorgenannte Raum wird im Norden von Ost-Rumelien, im Westen von der Mesta begrenzt.

Bodengestaltung. Das Gebiet ist größtentheils von 400—800 m hohem Berg- und Hügellande mit steilen Formen, tiefen und engen Thälern erfüllt; am Ergene dehnt sich Hochland aus.

Bodenbedeckung. Vorherrschend Hutweiden mit Gebüsch; Wald (Laubholz) kommt nur in den höheren Partien, Ackerboden am meisten in den Thalsohlen vor; Wein wird viel angebaut.

Gewässer. Die Marica und Mesta je $\frac{50-200}{1-3}$, nur stellenweise bei Niederwasser furtbar. Das Maricathal hat eine 1—20 km breite, bis Demotika gut cultivierte, dann vielfach sumpfige Thalsohle; die westliche Thalbegleitung ist steil, dominierend, die östliche flach.

Die Küste des Schwarzen Meeres ist meist felsig, steil; Landungen größerer Truppenmassen können in der Strecke Karaburun—Kilios, dann an der Rivamündung (kleinasiatische Seite) leicht bewirkt werden. Der Bosporus ist ca. 28 km lang, 0·6—2 km breit, 36 bis 120 m tief, von 100—200 m hohen, vielfach steilen felsigen Höhen eingefasst. Die Küste des Marmara-Meeres ist in der Strecke Constantinopel bis südwestlich Rodosto meist flach, sonst vorwiegend steil. Die Dardanellen sind 65 km lang, 1·3—7 km breit, 50—100 m tief, mit gewöhnlich flacher sandiger Küste. Das Ägäische Meer hat von der Mestamündung bis in den Saros-Golf eine sandige Flachküste, sons meist eine, stellenweise felsige Steilküste: für Ausschiffungen eignet sich der Strand bei Dedeagać und bei Bulaïr.

Klima. In den Küstenlandschaften herrscht See-, im Innern gemäßigtes, continentales Klima vor. Ungünstig: großer Unterschied zwischen Tages- und Nachttemperatur, große Sommerhitze, meist schlechtes oder ungenügendes Trinkwasser, bösartiges Wechselfieber in den Niederungen und an den Einmündungen der Gewässer in das Meer.

Verkehrsmittel. Transportmittel: siehe Bulgarien (überdies kommen Kameele, Maulthiere und Esel vor). Eisenbahnen: normalspurig und eingeleisig; Linien: Mustafa Paša, Constantinopel; Kuleli Burgas, Dedeagać, Kavala (Saloniki); die Stationen sind für 70achsige Züge eingerichtet. Projecte: Uzunköprü, Kilid bahr und Muradli, Rodosto.

Straßen und Wege: siehe Abschnitt VIII. Schiffahrt. In Constantinopel werden ca. 100 Dampfschiffe (Fassungsraum 70.000 M.) und 8900 sonstige Flottanten mit dem Fassungsraum von 2—100 M. unterhalten. Türkische Kriegsflotte: 22 Kriegsschiffe (darunter 3 neue Panzerschiffe und 4 Kreuzer), dann 24 Torpedoschiffe und Torpedoboote.

Unterkunftsverhältnisse. Die Dörfer sind meist Massendörfer, aus primitiven Holzhäusern bestehend, welche für den Belag kaum geeignet sind. Die Märkte und Städte haben ziemlich gleichen Charakter. Größere Orte: Constantinopel 950.000 Einwohner, Adrianopel 70.000, Gallipoli 30.000, Rodosto 27.000, Kirk Kilise, Demotika, Uzunköprü je 10.000—20.000.

Bevölkerung. 1·9 Mill. Einwohner, Dichte 20—30 per km^2. Nationalität: 50% Osmanen, 25% Griechen, Rest Bulgaren, Armenier etc. Religion: 50% Mohamedaner, 50% Christen (62.000 Juden).

Ressourcen. Das Gebiet ist im allgemeinen ressourcenarm, in einzelnen Gebieten herrscht sogar Trinkwassermangel. Relativ ressourcenreicher sind die Marica-Niederung, dann Adrianopel und Constantinopel (Weizen, Mais, Bohnen). Die Schafzucht ist ziemlich allgemein verbreitet. Ziemlich viel Wein und Brantwein vorhanden. Hafer wird wenig gebaut (hiefür Gerste), Heu ist nur in geringen Mengen erlangbar (hiefür große Weideplätze).

Befestigungen.

1. Allgemeines Befestigungsproject vom Jahre 1882.

1. Landbefestigungen. Es sollte nächst der ostrumelischen Grenze ein gesicherter Manövrierraum geschaffen und Constantinopel von der Landseite geschützt werden.

Ersterem Zwecke sollten neuzuerbauende Befestigungen der Punkte Kırk Kilise, Adrianopel, Eskibaba (oder Lüle Burgas), Uzunköprü mit einigen Ergänzungen in den Flanken (Iniada, Viza, Rodosto oder Erekli) entsprechen.

Der Schutz Constantinopels sollte durch modernen Umbau der Ćataldža-Linie angestrebt werden.

2. Seebefestigungen. Der moderne Umbau der Seesperren im Bosporus und in den Dardanellen, bei ersterem eine Erweiterung an den anstoßenden Küsten des Schwarzen Meeres, wurde projectiert.

3. Die bisher thatsächlich ausgeführten Bauten beschränken sich auf die Verstärkung von Adrianopel, Kirk Kilise, der Ćataldža-Linie und der Dardanellen; auch diese Bauten sind unvollständig.

2. Bestehende Befestigungen.

a) Landbefestigungen.

Adrianopel, verschanztes Lager (35 km Umfang), seit 1886 im Um- und Neubau begriffen; zahlreiche nicht armierte Erdwerke (runde oder fünfseitige Redouten), Armierung erfordert 220 Geschütze.

Kirk Kilise, verschanztes Lager (20 km Umfang), sollte einige permanente Werke erhalten, hievon wurden 3 gebaut; Arbeiten eingestellt.

Befestigte Linie Ćataldža, 40 km westlich des Bosporus, zwischen dem Derkos-See und der Lagune Büjük Ćekmedže, 25 km lang. Die Befestigungen bestehen aus 27 alten, 2 neuen, in 2 Linien angeordneten Erdwerken. Armierung ca. 160 Festungsgeschütze.

(1878 wurde die Ćataldža-Linie nicht gehalten, sondern unmittelbar vor Constantinopel eine von Makrikiöj am Marmara-Meere bis zum Alibeysu und dann gegen Büjükdere am Bosporus ziehende Linie feldmäßig eingerichtet.)

Constantinopel, an der Landseite befinden sich verfallene Erdwerke und eine stellenweise eingestürzte Ringmauer mit Thürmen.

b) Seebefestigungen.

Die Befestigungen bestehen theils aus alten wertlosen Stein- oder Erdanlagen, theils aus modernen Erdwerken.

Am Schwarzen Meere: 2 alte Küstenforts (Kilios, Riva) und 5 alte Batterien, sämmtliche Anlagen vernachlässigt.

Seesperre Bosporus. Alte Werke: 4 Forts, 1 Küsten-batterie, 2 Erdwerke. Neue Anlagen: 4 Küsten-, 1 Hochbatterie, hiezu 2 Batterien projectiert. Da diese neuen Anlagen im Innern der Meer-enge angelegt sind und den nördlichen Eingang frei lassen, so kann die türkische Flotte nur unter ungünstigen Verhältnissen in das Schwarze Meer auslaufen, um etwaige feindliche Landungen zu ver-hindern, andererseits ist der durch die neuen Sperrwerke gedeckte Raum kaum 4·5 km lang (moderne Panzerschiffe passieren denselben in 10 Minuten). Die Armierung der Werke ist überdies mangelhaft (kurze Rohre, kleine Caliber); die russische Flotte im Schwarzen Meere hat 3000—10.000 t Schiffe mit 46 mm Panzern, die Durchschlagkraft der 15 cm Krupp-Geschütze, die Hälfte der Armierung bildend, beträgt höchstens 33 mm. Torpedos und Seeminen sind wegen der starken Strömung nahezu nicht anwendbar.

Seesperre Dardanellen. Alte Anlagen: 7 Forts. Neue Werke: 14 Küsten-, 9 Hochbatterien. Seeminen nur in den Theilen mit geringer Strömung.

Befestigte Linie von Bulaïr (5 km lang), zur Deckung der Dardanellen-Anlagen gegen eine Landung im Golfe von Saros. Die Befestigungen sind alt, theilweise verfallen und bestehen aus einer Hauptvertheidigungslinie (3 Werke mit Verbindungslinien) und aus 10 kleinen Vorwerken.

Die Gesammtarmierung

um Constantinopel (incl. Čataldža-Linie) beträgt ca. 464 Geschütze (hier-unter 228 neue 15—35·5 cm Krupp). Am besten armiert und gesichert sind die Dardanellen, dagegen dürfte die Landfront und der Bosporus einem energischen Angriffe mit modernen Mitteln kaum widerstehen.

Inhalt.